डॉ. यतीश अग्रवाल

(एम.बी.बी.एस., एम.डी., डी.एस.सी.

वरिष्ठ चिकित्सक, लेखक, कॉलमनिस्ट, कवि, पटकथा लेखक एवं प्रोफेसर। सन् 1980 से देश के प्रमुख हिन्दी-अंग्रेजी पत्र-पत्रिकाओं में लेख, रचनाएँ और स्तम्भ प्रकाशित। जनस्वास्थ्य, आयुर्विज्ञान और कथा-साहित्य पर अब तक 47 पुस्तकें जो हिन्दी, अंग्रेजी और दूसरी कई भाषाओं में प्रकाशित हो चुकी हैं और जिनकी 15 लाख से अधिक प्रतियाँ पाठकों के बीच पहुँच चुकी हैं।

स्कूली शिक्षा सेंट फ्रांसिस हाई स्कूल, लखनऊ और आयुर्विज्ञान की शिक्षा यूनिवर्सिटी कॉलेज ऑफ मेडिकल साइंसेज, दिल्ली और देश-विदेश के कई प्रमुख चिकित्सा संस्थानों से। दिल्ली विश्वविद्यालय से डॉक्टर ऑफ मेडिसिन। विज्ञान परिषद्, इलाहाबाद से 1997-98 में विज्ञान वाचस्पति। 1998 में फाउंडेशन फॉर डिटेक्शन ऑफ अर्ली गैस्ट्रिक कार्सिनोमा जापान की अन्तर्राष्ट्रीय फेलोशिप और नेशनल कैंसर सेंटर हॉस्पिटल टोक्यो में प्रशिक्षण। 2005 में डब्ल्यूएचओ फेलो होने के नाते महीडोल विश्वविद्यालय थाईलैंड के इंस्टीट्यूट फॉर पोप्यूलेशन एंड सोशल रिसर्च की फेलोशिप।

डब्ल्यूएचओ, एलजेवियर साइंस, वोल्टर्स क्लूवर हेल्थ, विज्ञान और प्रौद्योगिकी मंत्रालय, भारत सरकार, मानव संसाधन मंत्रालय, भारत सरकार सहित कई राष्ट्रीय-अन्तर्राष्ट्रीय संस्थानों के लिए राष्ट्रीय सलाहकार, परामर्शदाता और संपादक।

टेलीविजन तथा रेडियो के लिए कई सीरियलों की अभिकल्पना और पटकथा। ई-पोर्टलों के लिए कंटेन्ट लेखन एवं परियोजना। आयुर्विज्ञान की कई प्रमुख शोध पत्रिकाओं का सम्पादन।

अनेक राष्ट्रीय पुरस्कार और सम्मान जिनमें गृह मंत्रालय, भारत सरकार का इंदिरा गांधी पुरस्कार (2005) एवं राजीव गांधी राष्ट्रीय ज्ञान-विज्ञान पुरस्कार (2004), इंडियन काउंसिल ऑफ मेडिकल रिसर्च का राष्ट्रीय पुरस्कार (2002), हिन्दी अकादमी का साहित्यकार सम्मान (2002), मानव संसाधन मंत्रालय, भारत सरकार का शिक्षा पुरस्कार (2001-02) और डॉ. आत्माराम पुरस्कार (1999), विज्ञान और प्रौद्योगिकी मंत्रालय, भारत सरकार का राष्ट्रीय विज्ञान पुरस्कार (1999) और डॉ. मेघनाथ साहा पुरस्कार (1991, '92, '93, 2002) तथा स्वास्थ्य मंत्रालय, भारत सरकार का राष्ट्रीय पुरस्कार (1994, '95, '97) शामिल हैं।

सम्प्रति : केन्द्रीय स्वास्थ्य सेवा भारत सरकार के तहत दिल्ली के सफदरजंग अस्पताल और वर्धमान महावीर मेडिकल कॉलेज में वरिष्ठ चिकित्सक एवं प्रोफेसर।

सम्पर्क : dr.yatish@yahoo.com

दाम्पत्य विज्ञान

डॉ. यतीश अग्रवाल
(एम.बी.बी.एस., एम.डी., डी.एस.सी.)

राजकमल पेपरबैक्स

पहला पुस्तकालय संस्करण
राजकमल प्रकाशन प्राइवेट लिमिटेड द्वारा
2007 में प्रकाशित

राजकमल पेपरबैक्स में
पहला संस्करण : 2016

राजकमल पेपरबैक्स : उत्कृष्ट साहित्य के जनसुलभ संस्करण

राजकमल प्रकाशन प्रा. लि.
1-बी, नेताजी सुभाष मार्ग, दरियागंज
नई दिल्ली-110 002
द्वारा प्रकाशित

शाखाएँ : अशोक राजपथ, साइंस कॉलेज के सामने, पटना-800 006
पहली मंजिल, दरबारी बिल्डिंग, महात्मा गांधी मार्ग, इलाहाबाद-211 001
36 ए, शेक्सपियर सरणी, कोलकाता-700 017

वेबसाइट : www.rajkamalprakashan.com
ई-मेल : info@rajkamalprakashan.com

बी.के. ऑफसेट
नवीन शाहदरा, दिल्ली-110 032
द्वारा मुद्रित

मूल्य : ₹ 125

DAMPATYA VIGYAN
by Dr. Yatish Agarwal

ISBN : 978-81-267-2832-9

रुचि-संजय और दिलीप-रीता
को सस्नेह

आशा की किरण

रहस्यवादी कहते हैं कि जीवन एक अबूझ पहेली है। इसे जाना नहीं जा सकता। हम जीवन के पूरे सफर में एक ऐसे यात्री की भूमिका निभाते रहते हैं, जो आशा की एक नन्हीं किरण की खोज में भटकता रहता है। कितना अच्छा हो कि इस लंबे सफर में कोई मन का मीत मिल जाए। हमारे पैर लड़खड़ाने लगें तो वह हाथ थाम ले। जब हम सफलता के शिखर पर हों तो वह उनमें सहभागी हो और सत्य के अंतिम निर्णायक क्षण में साथ हो। वह मन का मीत हमारा जीवनसाथी ही हो सकता है।

परिवार समाज की सबसे छोटी इकाई होने के साथ-साथ स्नेह का स्रोत भी है। मधुर पारिवारिक माहौल से न सिर्फ व्यक्ति को पनपने का मौका मिलता है बल्कि वह समाज को भी संतुलित

बनाए रखता है। परिवार को बसाने और बनाए रखने में सबसे अहम भूमिका पति-पत्नी की होती है—चाहे वे नवविवाहित हों या बरसों पुराने।

हमारे समाज में बड़ी तेजी से कई तरह के बदलाव आ रहे हैं और उनका सीधा असर दांपत्य संबंधों पर पड़ रहा है। शहरीकरण, मशीनीकरण और देशांतरण के कारण दांपत्य जीवन का माधुर्य कम हो रहा है और उसकी जगह ले रहा है एक औपचारिक, अति व्यावहारिक शुष्क रिश्ता। यही कारण है कि दांपत्य जीवन में तनाव बढ़ता जा रहा है और पति-पत्नी का आपसी रिश्ता एक खोखले कष्टप्रद सहवास में बदलता जा रहा है।

क्या यही वह दांपत्य जीवन है जो हर लड़की का सपना और हर लड़के का मधुर कल्पनालोक होता है ? क्या आनेवाले वर्षों में टूटते रिश्तों और बिखरते परिवारों के बीच विवाह अर्थहीन हो जाएगा ? क्या दांपत्य जीवन दो व्यक्तियों की सिसकती भावनाओं का नाम-भर रह जाएगा ? क्या प्रदूषित समाज दांपत्य के सुख को भी डस लेगा ? क्या सुखमय वैवाहिक जीवन सिर्फ किस्से-कहानियों में ही रह जाएगा या फिर चंद सुखी दंपती अपने व्यवहार से आनेवाली पीढ़ी के लिए प्रेरणा का स्रोत बनेंगे ? ये कुछ सवाल हैं उन तमाम पति-पत्नियों के लिए, जो अपने दांपत्य जीवन में सुख या दुख भोग रहे हैं और यही अहम सवाल उन तमाम लड़के-लड़कियों के सामने भी हैं, जो विवाह की दहलीज पर खड़े हैं और सुखभरे-जीवन की मधुर कल्पना में खोए हैं।

मानसिक समीपता, दैहिक सुख, संतान की उपलब्धि और समाज में सम्मानित स्थान पाने की आकांक्षाएँ दो व्यक्तियों को विवाह के बंधन में बाँधती हैं। लेकिन क्या ये आकांक्षाएँ पूरी हो पाती हैं ? क्यों नहीं हो पातीं ? कुछ लोग बीच डगर में रास्ता क्यों भटक जाते हैं ? क्या भटके हुओं को राह मिल सकती है ? तमाम सामाजिक एवं आर्थिक दबावों के बावजूद क्या दांपत्य सुख की मंजिल पाई जा सकती है ? दांपत्य जीवन में आनेवाले

अवरोधों को कैसे हटाया जा सकता है और वास्तविक सुख को कैसे बढ़ाया जा सकता है ? ये कुछ ऐसे सवाल हैं, जिन पर न सिर्फ किसी एक दंपती बल्कि इस विशाल देश के तमाम परिवारों और आनेवाली पीढ़ी की खुशियाँ निर्भर करती हैं।

डा. यतीश अग्रवाल द्वारा लिखित प्रस्तुत पुस्तक इस दिशा में एक बहुत महत्त्वपूर्ण कदम है। इसमें दांपत्य विज्ञान के वैज्ञानिक और मनोचिकित्सा संबंधी तथ्यों को सरल भाषा में आम आदमी तक पहुँचाने का कार्य सफलतापूर्वक किया गया है। पुस्तक में दांपत्य जीवन के हर पहलू के बारे में सहज रूप से रौशनी डाली गई है। साथ ही यह भी बखूबी समझाया गया है कि हर व्यक्ति तरह-तरह के दबाव सहते हुए भी अपने वैवाहिक जीवन में नई उमंग और नया उत्साह भर सकता है। मुझे विश्वास है कि यह पुस्तक वैवाहिक कुंठाओं से घिरे लोगों के लिए और जो दांपत्य जीवन की दहलीज पर खड़े हैं, उनके लिए भी प्रकाश-स्तंभ का काम करेगी।

—डा. अवधेश शर्मा

अध्यक्ष, इंडियन साइकियेट्रिक सोसायटी

प्रेरणा

दांपत्य संबंधों का स्वरूप बदलते मौसम की तरह है। कभी उसमें गरमाहट, कभी ठंडक, कभी आषाढ़ तो कभी बसंत का-सा जादू मुस्करा उठता है; उसमें धूप-छाँव की आँख-मिचौनी सदा अपना खेल खेलती रहती है। दरअसल प्रेम-रस में भीगे रहना ही विवाह नहीं है, हालाँकि दांपत्य की स्निग्धता उसके बिना कभी संपूर्ण नहीं हो सकती। प्रेम, विश्वास, आस्था, कर्तव्यबोध, समर्पण और एक-दूसरे के लिए तत्परता से, निश्चल भाव से, सर्वस्व का न्यौछावर ही सच्चा दांपत्य प्रेम है, जिससे पति-पत्नी के संबंधों की बगिया सदाबहार रह सकती है।

वर्तमान जीवन की यांत्रिकता, बढ़ती महत्वाकांक्षाएँ, पुरुष और स्त्री के बीच बढ़ती होड़, अधिकारों और कर्तव्यों की लक्ष्मण-रेखा का अतिक्रमण, सिमटकर छोटा होता परिवार,

सामाजिक अलगाव और इन सब कारणों से निरंतर बढ़ रहा तनाव, साथ ही बीच-बचाव करके समस्याओं को सुलझानेवाले हितैषियों की कमी, दांपत्य संबंधों में बिखराव की ऐसी दरजें पैदा कर रहे हैं जिनसे वैवाहिक बंधन का पवित्र सूत्र कच्चा धागा बनकर टूटता-सा जा रहा है।

पश्चिमी समाज का भूत और वर्तमान इस तथ्य की जीती-जागती तकलीफदेह तसवीर है कि दांपत्य की गरिमा की टूटन समाज को कितना खोखला कर देती है। टूटे हुए परिवारों में पले-बढ़े स्नेहरिक्त बच्चे माता-पिता के अनमोल वात्सल्य सुख और मार्ग-दर्शन से वंचित रहकर तरह-तरह के तार्किक मायावी सहारों की तलाश में अपना सबकुछ गँवा देते हैं। जो इस गर्त में गिरने से बच जाते हैं, उनकी मानसिकता भी स्वस्थ-सहज हर्गिज नहीं रह पाती और विवाह उनके लिए शायद हमेशा एक पहेली बना रहता है। जो स्त्री और पुरुष टूटन की इस त्रासदी से गुजरते हैं, उनकी यातना की व्याख्या कर पाने के लिए शब्द काफी नहीं हो सकते।

इसके बावजूद हाल के दशकों में भारतीय समाज़ बड़ी तेजी से पाश्चात्य समाज के पद-चिन्हों पर, उसी अँधेरे की ओर, बढ़ता नजर आ रहा है। वहाँ सिर्फ टूटन है, हताशा है, अवसाद है, कभी न खत्म होनेवाली रात है।

लेकिन हमें जरूरत सबेरे की है, उससे आलोकित होकर ही हम सुख के ग्राही हो सकते हैं। यह कृति इसी सुबह को समर्पित है। आशा है इसमें बताई गई छोटी-बड़ी बातों को अपने दांपत्य जीवन में उतारकर आप उसे सदाबहार रख सकेंगे। हो सकता है कभी पतझड़ भी आए लेकिन भरोसा रखेंगे तो वसंत के आते देर नहीं लगेगी। पी. बी. शेली के शब्दों में :

If winter comes, can spring be far behind.

दिन वसंत के दूर नहीं अब, आता हो तो आए पतझड़

नरेन्द्र शर्मा द्वारा अनूदित

नई दिल्ली, 25 सितंबर, 1995

यतीश अग्रवाल

सलाहकार मंडल

डा. नलिनी महाजन

अध्यक्ष, मदर एंड चाइल्ड क्लीनिक, सी 6/8 सफदरजंग डेवलपमेंट एरिया, नई दिल्ली 110016

डा. अनुप कुमार

अध्यक्ष, दिल्ली आई. वी. एफ. एंड इनफर्टिलिटी क्लीनिक, बंगाली मार्केट, नई दिल्ली-110001

डा. अवधेश शर्मा

अध्यक्ष, भारतीय मनोचिकित्सक संघ, सफदरजंग डेवलपमेंट एरिया, नई दिल्ली-110016

डा. मंगला तैलंग

अध्यक्ष, फर्टिलिटी रिसर्च सटेंर, 12 सीरी फोर्ट रोड, नई दिल्ली

डा. रेनु बजाज

अध्यक्ष, मदर्स क्लीनिक, ए-122 विकासपुरी, नई दिल्ली 110018

डा. मनजीत कोचर

वरिष्ठ स्त्री-रोग विशेषज्ञ, ग्रेटरं कैलाश, नई दिल्ली

डा. सुजाता शर्मा

वरिष्ठ मनोविद्, सफदरजंग डेवलपमेंट एरिया, नई दिल्ली

डा. रेणुका सिन्हा

वरिष्ठ स्त्री-रोग विशेषज्ञ, सफंदरजंग अस्पताल, नई दिल्ली

डा. वीना कपूर

वरिष्ठ मनोचिकित्सक, बत्रा हास्पिटल, तुगलकाबाद इंस्टीट्यूशनल एरिया, एम. बी. रोड, नई दिल्ली

डा. प्रकाश कोठारी

वरिष्ठ यौनविशेषज्ञ, के. ई. एम. हास्पिटल, बम्बई

डा. स्मिता देशपांडे

मनोचिकित्सक, डा. राममनोहर लोहिया हस्पताल, नई दिल्ली

डा. अचला वत्रा

स्त्री-रोग विशेषज्ञ, केन्द्रीय स्वास्थ्य सेवा, नई दिल्ली

विषय-क्रम

वैवाहिक जीवन के प्रभात में लालसा गुलाबी मादकता के साथ उदय होती है और हृदय के सारे आकाश को अपने माधुर्य की सुनहरी किरणों से रंजित कर देती है। फिर मध्याह्न का मुखर ताप आता है, क्षण-क्षण पर बगूले उठते हैं और पृथ्वी काँपने लगती है। लालसा का सुनहरा आवरण हट जाता है और वास्तविकता अपने नग्न रूप से सामने आ खड़ी होती है। उसके बाद विश्राममय संध्या आती है, शीतल और शांत, जब हम थके हुए पथिकों की भाँति दिन-भर की यात्रा का वृत्तांत कहते और सुनते हैं—तटस्थ भाव से, मानो हम किसी ऊँचे शिखर पर जा बैठे हैं जहाँ नीचे का जन-रव हम तक नहीं पहुँचता।

-**प्रेमचंद** (गोदान, पृ. 37)

दांपत्य संबंधों के बदलते समीकरण

तुम्हारा प्यार एक पेड़ है
जिसकी हरी ओट से मैं तारों को देखता हूँ
तुम्हारा प्यार एक झील है
जहाँ मैं तैरता हूँ और डूबा रहता हूँ
तुम्हारा प्यार पूरा गाँव है
जहाँ मैं होता हूँ

– मंगलेश डबराल : 'तुम्हारा प्यार'

पर कहाँ, आखिर कहाँ गुम होता जा रहा है यह सरल-सहज प्यार जो अब तक स्त्री-पुरुष, पति-पत्नी के संबंधों का पर्याय था, संबल था एक-दूसरे के प्रति अगाह आस्था का, कभी न छूटनेवाले साथ का; जिसमें अनबन के ढेले, पहाड़ नहीं बन जाते थे कि उन्हें लाँघा न जा सके।

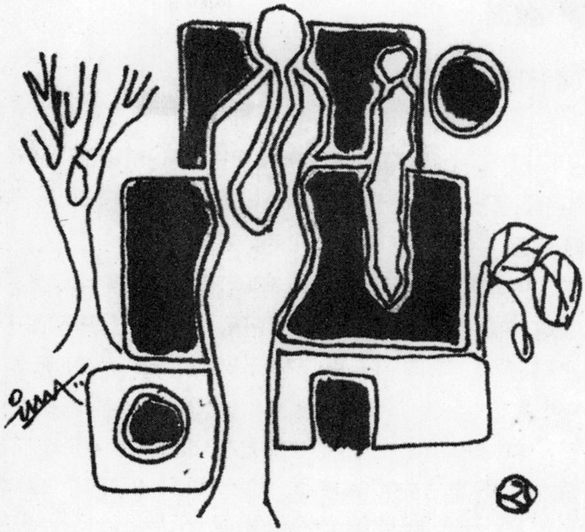

उसका बिछौना था वह सादगी-भरा जीवन जिसमें जरूरतें कम थीं और स्त्री-पुरुष के बीच कार्य और श्रम के विभाजन के बावजूद दांपत्य में सरलता और समानता थी। विवाह एक अनुष्ठान था, जिसका निर्वाह दोनों अपनी पूरी आस्था के साथ करते थे। दोनों के अपने-अपने दायित्व थे और वे उसी में अपना जीवन हँसी-खुशी बिता दिया करते थे।

पारिवारिक संरचना भी फर्क थी। संयुक्त परिवार होने के नाते घर के बड़े-बूढ़े एक ही छत के नीचे रहते थे। पति-पत्नी के बीच ठन जाती, तो उनके बीच-बचाव से मामला सुलझ जाता। कोर्ट-कचहरी के दरवाजे पर दस्तक देने की नौबत न आती। परिवार में किसी एक पर विपदा आती, तो हर कोई मिलकर उसे बाँट लेता। इससे व्यक्तिगत तनाव की जगह नहीं रहती थी।

विवाह भी प्रायः घर के बड़े-बूढ़े की पहल से तय हुआ करते थे। अतः दांपत्य में बंधे पति-पत्नी की एक-दूसरे से अपेक्षाएँ भी कम हुआ करती थीं। यूँ भी आम जीवन सादगी-भरा था; जिसे जो मिलता,

जितना मिलता, वह उसी में खुश रहता।

पति-पत्नी प्रायः एक-दूसरे के मुताबिक ढल जाते। जैसे मानो एक ही खाँचे के दो हिस्से हों। उनमें मान-अभिमान और अहम की दीवारें कभी खड़ी न होती थीं और दांपत्य संबंधों के नाजुक तार लयबद्ध होकर मधुर संगीत में डूबे रहते थे।

पर समय की तेज धार में अब सबकुछ बदल चुका है। समाज का ढाँचा और तौर-तरीके, नियम-कानून, मूल्य और मान्यताएँ बिखरकर नए सिरे से रचे जा चुके हैं। उसका असर हमारे जीवन के हर पहलू पर पड़ा है।

शहरी जीवन में आज तरह-तरह के तनाव सिर उठाए खड़े हैं। जीवन की जटिलताएँ बढ़ी हैं और सामाजिक मूल्यों का क्षरण होता गया है। इससे तिलमिलाया आदमी बस बेतहाशा दौड़ता जा रहा है; जैसे, मानो वह इस दौड़ में न जाने अपने लिए कितने सुख जुटा लेगा। पर शायद वह यह नहीं जानता कि यह सुख क्षितिज के समान है, जिसे वह कभी नहीं पा सकता। उसकी यह प्यास उसके व्यक्तिगत और दांपत्य जीवन में अथाह तनाव के बीज बो रही है।

इससे उसकी भावनाएँ, उसका प्रेम रोजाना बेमौत दम तोड़ रहे हैं! पति-पत्नी के बीच आपसी संवाद महज जीवन की औपचारिकताओं तक सिमटकर रह गया है। दोनों एक-दूसरे का मन जान सकें, उसमें उठ रही आशाओं और निराशाओं को पहचान सकें, अपनी हैरानियों-परेशानियों को बाँट सकें—इस तक की उनके पास फुर्सत नहीं रही है। प्रेम-भरे बोल, सराहना-भरे स्वर, जिनसे बड़ा मन का टॉनिक शायद कोई नहीं, तो बिल्कुल ही गायब होते जा रहे हैं।

इससे दांपत्य में एक अनचाहा ठंडापन जन्म ले रहा है। संबंध महज एक रस्म बन गए हैं, जिसकी अदायगी के लिए दो लोग साथ जीए जा रहे हैं—दो अजनबियों की तरह।

इसी एहसास को सुविख्यात कवि श्रीकांत वर्मा ने अपनी कविता 'युगल' में शब्द दिए हैं :

'सारा का सारा सका न पा,
सारा का सारा सका न दे !

मैं तुममें घुटता रहा और
अपने में चुकता रहा ...
... अनखुले पड़े हैं कई अभी भी
नहीं जानता कौन द्वार !
परिचय पर सारे गया फैल
वेणी में गूँथा अंधकार।
हम एक-दूसरे से परिचित
होने की कोशिश में, कुछ और
अपरिचित होकर
गुजर रहे हैं एक-दूसरे के
समीप से लगातार !
प्रत्येक सुबह तुम लगती हो
कुछ और अजनबी मुझे।

इसी नई तनावभरी जिंदगी का एक हिस्सा है, आदर्शों और आकांक्षाओं की लड़ाई। हर कोई इसे अपने ढंग से लड़ रहा है। किसी के जीवन में

आदर्श ज्यादा प्रिय हैं, तो किसी के जीवन में आकांक्षाएँ। यह बहुत कुछ हमारे व्यक्तित्व पर निर्भर करता है— वह व्यक्तित्व, जो जीवन के शुरू में शक्ल ले लेता है, घर-परिवार के संस्कारों में पलता है, माहौल में रँगता है।

अतः दो अलग-अलग घर-परिवारों में पले-बढ़े स्त्री-पुरुष जब दांपत्य में जुड़ते हैं, तो उनके बीच अलग-अलग जीवन का नजरिया संबंधों में गहरी उथल-पुथल मचा देता है। जीवन-मूल्यों में आपसी तालमेल बिठा पाना अकसर टेढ़ी खीर साबित होता है।

यही बात आम जिंदगी के हर पहलू पर लागू होती है। रहन-सहन के तौर-तरीके, घर-गृहस्थी चलाने के रास्ते, बच्चों को किस तरह पालना-बड़ा करना है, इसका निर्णय—ऐसे अनगिनत छोटे-बड़े मुद्दों पर जब पति-पत्नी इत्तफाक नहीं रखते, तो उनके बीच टकराव पैदा हो जाता है। यह टकराव भी आपसी बातचीत से सुलझ सकता है, बशर्ते दोनों उसके लिए रजामंद हों। किंतु अकसर इसमें मान-अभिमान की दीवारें खड़ी हो जाती हैं, जिनके भीतर सिर्फ रिक्त संबंधों की खामोशी गूँजती है।

वक्त के साथ उभरा स्त्री का नया स्वतंत्र रूप भी दांपत्य समस्याओं का कारण बन रहा है। पहले स्त्री ने अपनी दुनिया अपने घर-परिवार तक सीमित कर रखी थी। पति की इच्छा ही उसकी इच्छा और पति का सुख ही उसका सुख हुआ करते थे, और वह उसी में खुश थी। पर अब वह इन पुरानी बेड़ियों से मुक्त हो चली है। वह चाहती है कि जीवन को अपने ढंग से जीए; दांपत्य में रहकर भी उसकी अपनी अलग पहचान बनी रहे। उसमें आया यह परिवर्तन बेशक सुखद है, पर अब तक चले आए पुरुष-प्रधान समाज में रँगे पुरुष-मन द्वारा उसे इस नए रूप में स्वीकार कर पाना सहज नहीं है। पर हर क्रांतिमय परिवर्तन पीड़ादायक होता है। उसके बाद एक नई सुबह जन्म लेती है। दांपत्य जीवन में यह परिवर्तन कब नई सुबह लाएगा, इसका इंतजार है।

शहरी जिंदगी के बढ़ते आर्थिक संघर्षों से राहत पाने के लिए आज हमारे समाज में बहुत-सी स्त्रियाँ कामकाजी हो गई हैं। इससे एक तरफ जहाँ उन्हें आर्थिक स्वतंत्रता मिली है, वहीं दूसरी तरफ

अतिरिक्त भार पड़ने से उनके जीवन में तनाव और उलझनें भी बढ़ी हैं। दांपत्य जीवन पर भी इसका गहरा असर पड़ा है। घर-गृहस्थी और दफ्तर का दोहरा भार स्त्री के तन-मन को खोखला कर देता है। इससे उसकी संवेदनाएँ शून्य हो जाती हैं और जीवन यंत्रवत। पति के लिए उसका यह रूप स्वीकार पाना कठिन होता है। दोनों की एक-दूसरे से शिकायतें बढ़ती हैं और दांपत्य संबंध शीत-लहर में बदल जाते हैं। कुछ मामलों में मान-अभिमान का सवाल भी उठ खड़ा होता है, जिससे स्थिति संबंध-विच्छेद तक चली जाती है।

ये परिस्थितियाँ इसलिए भी विषम बनती जा रही हैं कि अब संयुक्त परिवार के टूटने-बिखरने से पति-पत्नी के बीच कड़वाहट दूर करने के लिए न तो बड़े-बूढ़ों का विवेक और प्रेम रहा है, और न ही कोई सुलह करानेवाला।

इन खंडित, टूटे-बिखरे संबंधों को लेकर ही कवयित्री कमल कुमार ने अपनी कविता 'घर' में कहा है :

ये घर हैं
दीवारों के बिना छतें/छतों
के बिना दीवारें हैं
बिना छतों और दीवारों के
केवल चौहद्दियाँ —
खँडहर संबंधों के।

दांपत्य जीवन : माधुर्य की चरम सीमा

दो बहुत पुरानी मूर्तियों की एक
तस्वीर है यह
खँडहरों से खोदकर निकाली गई
एक स्त्री एक पुरुष
की मूर्तियों की तस्वीर।
नाम और सन् नहीं मालूम।
सचमुच के थे ये दो स्त्री पुरुष
या दो शब्दों को लेकर बनाई
गई थीं ये मूर्तियाँ!
हवा चलने से दीवार पर चिपकी

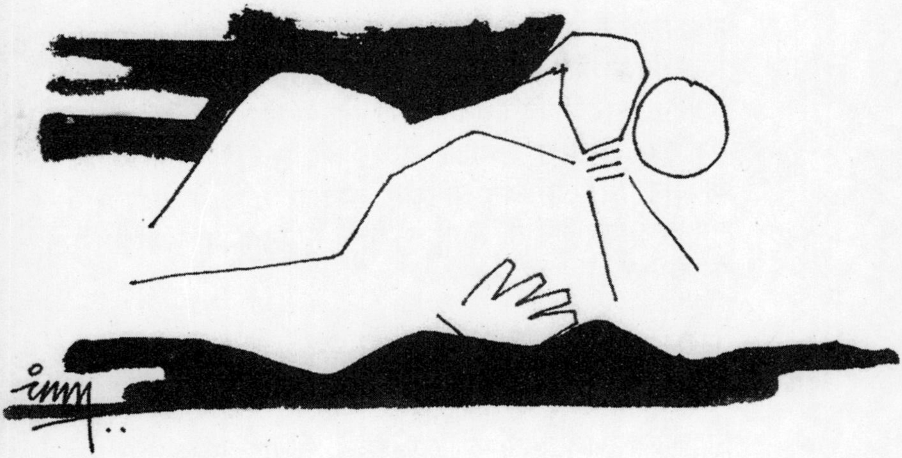

हुई यह तस्वीर फड़फड़ाती है—
दोनों की आँखें एक ही दिशा
में कुछ देखती हुई अलग-अलग
लेकिन साथ।
रात के अँधेरे में भी हवा के चलने से
फड़फड़ाती
इस तस्वीर में,
उन्हें देख लेता हूँ मैं।
नाम और सन् नहीं मालूम
लेकिन यह भ्रम नहीं है मेरा
कि मैं ठीक-ठाक पहुँच जाता हूँ वहाँ
जहाँ बनाई गई थीं वे। तमाम नदियाँ, नाले, मैदान
पर्वत, जंगल, शहर, सदियाँ पार करता हुआ।

—प्रयाग शुक्ल

दांपत्य संबंध को मधुरता से भरने के लिए पति-पत्नी में प्रेम के साथ-साथ मैत्री का रिश्ता बहुत जरूरी है। एक-दूसरे के सुख के प्रति संवेदनशील होकर ही वे आपसी प्रेम को प्रगाढ़ बना सकते हैं। एक-दूसरे की विविधता, सपनों, आत्मसम्मान और अपूर्णताओं की कद्र ही सफल वैवाहिक जीवन की पूरक है। मनोविशेषज्ञों के अनुसार मनोभावनाओं और व्यवहार को इन सुझावों के मुताबिक ढाल लेने से वैवाहिक जीवन में प्रेम की दीपशिखा और प्रज्ज्वलित हो जाती है।

एक-दूसरे की बुनियादी जरूरतों, आकांक्षाओं, सपनों को जानें और उन्हें साकार करने की पुरजोर कोशिश करें

हर व्यक्ति खुश रहने के लिए जीवन, विवाह, परिवार से कुछ अपेक्षाएँ रखता है। ये अपेक्षाएँ कई बार तो बहुत छोटी-छोटी ही होती हैं।

प्रायः व्यक्ति उनके बारे में खुलता नहीं। पर उनके पूरे न होने से उसके मन को बहुत ठेस पहुँचती है। इससे संबंधों में भीतर ही भीतर कड़वाहट आ जाती है। आदमी को लगता है, दूसरा उसके प्रति लापरवाह है, जबकि जरूरत इस बात की होती है कि वह अपनी चाहतें दूसरे के सम्मुख प्रकट करे और दूसरे से उसकी चाहतें जाने और फिर दोनों साथ-साथ उत्साह और प्रेम से उन्हें साकार बनाने की कोशिश करें।

एक-दूसरे के लिए भावात्मक सहारा बनें

हर व्यक्ति किसी अपने में ही भावात्मक आश्रय तलाशता है। संबंध जितना करीब होता है, वह उतना ही उसमें खुल सकता है। आम जिंदगी के संघर्ष और तनाव से राहत पाने का यह एक सशक्त उपाय है। कुदरतन, समाज में पुरुष ज्यादा अकेला होता है। अतः अपनी स्त्री पर उसकी निर्भरता भी ज्यादा होती है। पर यदि उसकी स्त्री उसकी तरफ पर्याप्त ध्यान नहीं देती तो उसके मन पर गहरी चोट लगती है। वह अपने को बहुत अकेला और

अस्वीकृत महसूस करने लगता है। इसके बावजूद अधिकांश पुरुष आहत भाव को प्रकट नहीं करते। इससे उनमें अंदर ही अंदर क्रोध पनपता रहता है जो किसी अविवेकी रूप में फूट पड़ता है।

पति-पत्नी के लिए यह जरूरी है कि वे एक-दूसरे का पूरा ध्यान रखें और एक-दूसरे को सशक्त बनाएँ।

अपनी भावनाओं की स्पष्ट अभिव्यक्ति करना जानें

कोई संबंध कितना ही प्रेमभरा क्यों न हो, किसी एक व्यक्ति के लिए दूसरे का मन जान पाना सहज नहीं होता। पर कई लोग इस मिथक में रहकर संबंध जटिल बना लेते हैं।

अतः अपनी भावनाओं की स्पष्ट अभिव्यक्ति करना जानें। जो कहना चाहते हों स्पष्ट कहें और जो कहें, सोच-समझकर कहें। इससे ही पति-पत्नी में मधुर संवाद स्थापित हो पाता हैं।

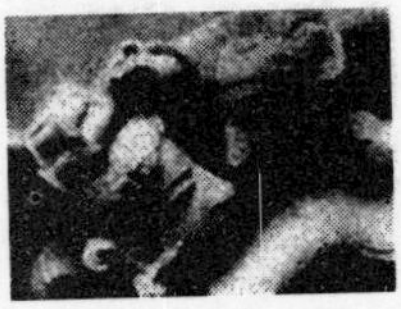

जीवन में कोई समस्या आए, तो उसे एक-दूसरे से छुपाएँ नहीं

हर व्यक्ति के जीवन में उतार-चढ़ाव के दौर आते-गुजरते हैं। उन्हें मिल-बाँटकर ही जीवन मधुर रह पाता है। पर कुछ स्त्री-पुरुष अपनी समस्याएँ एक-दूसरे से बाँटने में कतराते रहते हैं। इसके कई मनोवैज्ञानिक कारण हो सकते हैं: दूसरे पर बोझ न बनना, दूसरे से सहयोग की अपेक्षा न होना या मात्र स्वाभिमान ही। पर इन भ्रमों से निकलकर कठिन और मधुर क्षणों में बराबर की सहभागिता दांपत्य जीवन की जरूरी कड़ी है।

एक-दूसरे के लिए समय खोजें : बातचीत के लिए, साथ-साथ आमोद-प्रमोद के लिए, प्रणय के लिए

कई दंपती जीवन में दूसरी चीजों में इतने गुम हो जाते हैं कि उन्हें एक-दूसरे के लिए समय ही नहीं मिल पाता। इससे संबंध क्षीण हो जाते हैं।

एक-दूसरे का मन जानने का सबसे सहज उपाय कुशल संवाद ही है। इसलिए एक-दूसरे के लिए समय अवश्य खोजें। बातचीत करते समय दूसरा क्या कह रहा है, उस पर पूरा-पूरा ध्यान दें। कई लोग इस समय भी अपनी ही उधेड़बुन में खोए रहते हैं या रेडियो सुनते हुए, टेलीविजन देखते हुए, अखबार पढ़ते हुए, कपड़े सँभालते हुए 'हाँ-हूँ' कहते रहते हैं। इससे संवाद का तार टूटता है। बातचीत के समय पूरा ध्यान उसमें ही लगा होना चाहिए। शाम को जब फुरसत हो, तो टहलने निकल जाएँ। यह बातचीत का एक समुचित अवसर देता है।

जीवन की बोझिलताओं से मुक्त होने के लिए साथ-साथ हँसें-खेलें। हास्य, आमोद-प्रमोद स्वास्थ्य का खजाना है।

ज्यादातर पति-पत्नी यह सोचते रहते हैं कि उम्र के साथ उन्हें गंभीर ही रहना-दीखना चाहिए। यह ठीक नहीं। प्रेम उम्र नहीं जानता। प्रेमभरे संबोधन, साथ हँसना-खेलना, प्यार भरी थपकी, सहज आलिंगन में हिचकिचाहट कैसी! बरसात की पहली फुहार में साथ-साथ घूमने चल देना बचपना नहीं, संबंधों को ताजा रखने

का आसान रास्ता है। कुछ ऐसे रुझान विकसित करना जरूरी होता है, जिनमें सहभागिता संभव हो। इससे संबंधों में सजीवता बनी रहती है।

प्रेमालाप वैवाहिक जीवन का अनूठा और सुमधुर पक्ष है। इसके बावजूद कई दंपती इसका सुख पाने के लिए समय नहीं तलाश पाते। पुरुष में कुदरतन यह भाव ज्यादा प्रबल होता है। उसके लिए यह समीपता और प्रेम का प्रतीक होता है। पर कई पत्नियाँ हमेशा घर-गृहस्थी या थकान से ही घिरी रहती हैं। इससे प्रेम के तार टूटते हैं। प्रणय संबंधों में तत्परता और मधुरता दांपत्य में सामंजस्य की अभिन्न कड़ी है।

आपस में जीत की कोशिश व्यर्थ है

अधिकांश पति-पत्नी आपस में मतभेद हो जाने पर जीतने के लिए कमर कस लेते हैं। इसमें समझदारी नहीं। लड़ाई में किसी की जीत नहीं होती, संबंधों की हार होती है। इसीलिए संवेदनशील, विवेकी जीवनसाथी मतभेद हो जाने पर हल तलाशने की कोशिश करते हैं, जीतने की नहीं। समझौता कर लेने में तत्परता दिखाना आपकी विशालता का द्योतक है, दुर्बलता का संकेत नहीं।

यदि लड़ाई-झगड़े आपके वैवाहिक जीवन में कटुता ला रहे हों तो इन सरल नियमों का पालन करें :

- विवाद का जो विषय हो, उस तक ही सीमित रहें। पुराने गिले-शिकवों के गड़े मुर्दे उखाड़ना ईमानदारी नहीं।
- विवाद को जल्दी से जल्दी खत्म करने की कोशिश करें। उसे लेकर घंटों-दिनों तक कड़वाहट रखना संबंधों की नींव खोखली करता है।
- विवाद को बिना खत्म किए उठकर न जाएँ। इससे उलझनें और कटुता दोनों ही बढ़ते हैं।
- कभी दूसरे लोगों के सम्मुख लड़ाई-झगड़े न उठाएँ।
- कभी एक-दूसरे पर हाथ न उठाएँ।
- कभी यह न कहें कि ऐसे साथ से क्या फायदा, क्यों न संबंध तोड़ ही दिए जाएँ।

दूसरे की आलोचना करने के बजाय उसमें सकारात्मक सुधार लाने की कोशिश करें

हर व्यक्ति में कुछ गुण होते हैं, तो कुछ अवगुण भी। गुणों को पहचानें, सराहें और अवगुणों को दूर करने के लिए सकारात्मक दृष्टिकोण अपनाएँ। कई पति-पत्नी एक-दूसरे के अवगुणों की आलोचना करना ही अपना धर्म मान बैठते हैं। इससे दांपत्य संबंधों में खाई पैदा हो जाती है। कोई सुधार चाहते हों, तो उसमें स्पष्टता होनी भी अनिवार्य है।

इसी तरह यदि दूसरा किसी तरह की आलोचना करे तो उसका सीधा स्पष्ट उत्तर दें। बदले में उस पर आरोप थोपना बुद्धिमानी नहीं।

मृदु व्यवहार, नम्रता, सहिष्णुता, उदारता संबंधों को बनावटी नहीं, प्रेमभरा बनाते हैं

हर संबंध में व्यवहारकुशलता रिश्ते को सुदृढ़ और मधुर बनाती है। दूसरे के प्रति मृदु व्यवहार, नम्रता, सहिष्णुता और उदारता दांपत्य प्रेम को उत्कट बनाते हैं। कई स्त्री-पुरुष इस भ्रम में रहते हैं कि दांपत्य जीवन में हर समय निस्संकोच स्पष्टता ही बरतनी चाहिए, चाहे यह दूसरे को कितनी ही कड़वी क्यों न लगे। इसी में ईमानदारी है। पर दरअसल यह अविवेकी होने का ही परिचायक है। किसी की कमियों को बार-बार उघाड़ते रहना, तीखापन, आलोचना, जुबान पर काबू न रख पाना संबंधों में तनाव लाता है और मान-अभिमान की लड़ाई शुरू करवा देता है। यह खुलापन नहीं, संबंधों को धराशायी करने का रास्ता है। इससे बचिए।

प्रशंसा-सराहना के स्वर भला किसे अच्छे नहीं लगते! दांपत्य जीवन में तो यूँ भी हर रोज, हर पहर ऐसे कितने ही अवसर आते हैं जब आप अपना आभार प्रकट कर सकते हैं। इससे संबंधों में बनावटीपन नहीं, ताजगी आती है। एक-दूसरे के गुणों और क्षमताओं का अहसास गहराता है और एक-दूसरे पर गौरव होता है। साथ ही परस्पर आदरभाव भी पनपता है।

एक-दूसरे को उपहार देकर भी प्रीत का रस गाढ़ा होता है। अकस्मात दिए गए उपहार का सुखद आश्चर्य दुनिया की महँगी से महँगी चीज से ज्यादा मूल्यवान होता है।

दूसरे की रुचियों, गतिविधियों की कद्र करना जानें

हर व्यक्ति के अपने रुझान होते हैं, जिनके पूरे होने से उसे सुख मिलता है। अतः पति-पत्नी के लिए यह जरूरी है कि वे एक-दूसरे के रुझानों की कद्र करना जानें। इससे सुख दुगुना हो जाता है। उपहास-परिहास और तिरस्कार इस सुख को भावशून्य बना देता है। इसलिए दूसरे की गतिविधि कितनी ही अटपटी क्यों न लगे, उसके सुख में सुख पाने की कोशिश करें।

संबंधों को और मधुर बनाने के लिए अपनी भागीदारी के बारे में आत्ममंथन करना न छोड़ें

कोई भी संबंध उतना ही मधुर बन पाता है, जितना उसके भागीदार इस दिशा में प्रयत्न करते हैं। यों भी कोई संबंध गतिहीन नहीं होता, उसमें विकास की संभावना हमेशा रहती है। अतः समय-समय पर इस बारे में सोचने-विचारने से संबंध और अधिक मधुर बनाए जा सकते हैं।

युगल जीवन स्त्री-पुरुष के प्रेम का संपूर्ण रूप है। इसका गाढ़ापन सुविख्यात अमेरिकी कवि आर्चीबॉल्ड मैकलीश की कविता 'प्यार' की इन पंक्तियों में जीवन पा लेता है—

जल गाढ़ा रुपहला है चट्टान पर
जल गाढ़ा रुपहला है चट्टान की
अस्वीकृति पर
वह गिरता नहीं
भर देता है बहाव से हर दरार को,
चट्टान की हर कमी को,
हर खालीपन को।

अनुवाद : डॉ. धर्मवीर भारती

प्रेम में यह सादगी और समर्पण भाव ही दांपत्य जीवन के माधुर्य को असीम बनाता है।

मधुर यौन-संबंध :
प्रेम की अभिव्यक्ति की दैहिक भाषा

यौन-सुख दांपत्य जीवन की महत्वपूर्ण कड़ी है। यह दैहिक एकाकार प्रकृति से मिली मूल जैविक प्रवृत्ति की संतुष्टि ही नहीं, स्त्री-पुरुष के बीच प्रेम की अभिव्यक्ति की मधुरतम दैहिक भाषा है। यह स्त्री-पुरुष का एकाकार कराती वह सशक्त प्रणयधारा है जिससे दांपत्य में अबाध प्रेम, भावात्मक बंधन, सुख, संतोष और आस्था का भावमय सागर जीवन पाता है, मन-आँगन पपीहे की कूक से और तन रोमांच से भर उठता है। पर कई दंपती वैवाहिक जीवन के इस अलौकिक सुख से वंचित रह जाते हैं। उनके लिए दैहिक मिलन मात्र एक रस्म बनकर रह जाता है, जिसके फलस्वरूप इसके प्रति अरुचि पैदा होती है और वैवाहिक जीवन

में असंतोष एवं बिखराव की रेखाएँ सघन होने लगती हैं; पति-पत्नी के संबंधों में ठंडापन आ जाता है और कलह सिर उठाने लगती है, दांपत्य की नैया डगमग हो जाती है।

दांपत्य जीवन में इस यौन-असामंजस्य के प्रमुख कारण हैं एक-दूसरे की संवेदनाओं और दैहिक-भावात्मक जरूरतों को न समझना, खुले संवाद का न होना, पति-पत्नी में से किसी एक का काम-सुख के प्रति अस्वाभाविक दृष्टिकोण और उसके प्रति अरुचि, यौन-संबंधी अज्ञान और गलतफहमियाँ।

भारतीय समाज में यौन दुराव-छिपाव का विषय बना हुआ है। यौन शिक्षा के नाम पर सिर्फ पटरियों पर धड़ल्ले से बिकता अश्लील, भ्रामक, सस्ता 'साहित्य' है या सिनेमाघरों में सुबह के शो में चलती ऊलजलूल फिल्में, जो यौन के प्रति वितृष्णा या कुंठाएँ उपजाती हैं। वीडियो के चलन से विदेशी एक्स-रेटेड फिल्में भी देखी जाने लगी हैं, जो यौन को मिथकीय कसौटियों में बाँध देती हैं। इससे किशोर-किशोरियाँ और युवा भ्रमित हो रहे हैं और

यौन के प्रति उनका दृष्टिकोण सकारात्मक नहीं बन पा रहा है। विदेशी फिल्मों में प्रदर्शित मिथकीय सेक्स कसौटियों पर खरा न उतर पाने से उनका मन खुद के प्रति शंकित हो उठता है। सामान्य यौनक्षमता के बावजूद मन में उपजी आत्मविश्वास की यह कमी पुरुष में मनोवैज्ञानिक पुंसत्वहीनता पैदा कर देती है। युवाओं में तरह-तरह की यौन गलतफहमियाँ भी मन को उद्वेलित कर यौन-जीवन विकृत कर सकती हैं। ये परिस्थितियाँ वैवाहिक जीवन में निराशा और असंतोष उत्पन्न कर देती हैं। पुरुष हीनभाव से ग्रस्त होता जाता है और समस्या बिना किसी शारीरिक कारण के और अधिक उग्र रूप लेती जाती है।

बाल्यपन से ही यौन के प्रति नकारात्मक, दुर्भावपूर्ण रवैया देख स्त्री-मन तरह-तरह की शंकाओं और अंतर्बाधाओं से घिर जाता है। इससे यौन एक सहज, सुख का विषय न रहकर हौवा बन जाता है। यह अस्वस्थ दृष्टिकोण स्वाभाविक सुख के रास्ते में बाधक बनता है। इससे यौन-सुख के प्रति अनिच्छा, अरुचि और ठंडापन पैदा होता है। कुछ स्त्रियाँ तो इससे इतनी ज्यादा आतंकित हो जाती हैं कि बचने के लिए अस्वस्थ होने का बहाना तक करने लगती हैं। परिणामवश दांपत्य संबंधों में खिंचाव पैदा हो जाता है। असंतुष्ट पुरुष-मन खिन्न और रुष्ट हो उठता है और तब वह अपना भीतरी असंतोष और आवेग किसी दूसरे रास्ते के जरिए अभिव्यक्त करता है जिससे संबंधों में दरार गहरी होती जाती है।

समाज के बदलते तेवर भी दांपत्य सुख में अवरोधक बन रहे हैं। आम जीवन में व्यस्तता और तनाव इतने अधिक हावी हो गए हैं कि पति-पत्नी एक-दूसरे के लिए एकांत के कुछ क्षण भी जुटा नहीं पाते। नौकरीपेशा दंपतियों में यह समस्या और भी ज्यादा गंभीर है। कुछ स्त्रियाँ इस कारण भी यौन-उदासीनता की शिकार हो जाती हैं। इसके साथ-साथ नारी का नया तथाकथित स्वतंत्र रूप उसे पति के सुख में अपना सुख तलाशने से रोकता है। वह सह-सुख में तभी जुड़ना चाहती है जब उसका मन चाहता है। इसके विपरीत ज्यादातर पुरुषों के लिए कामसुख सुख की

परम अनुभूति है। इस प्रेम-सरोवर में समाहित होकर वह अपने तनाव-थकान, दुख-दर्द मिटा देना चाहता है। इसमें वह दैहिक सुख के साथ-साथ भावात्मक सुख भी तलाशता है और उसके लिए यह जीवनसंगिनी के प्रति अबाध प्रेम तथा पूर्ण समर्पण की सबसे सशक्त अभिव्यक्ति होती है। अतः पत्नी द्वारा स्वीकारे न जाने पर उसका मन अवहेलना और उपेक्षा के पीड़ा-भाव से आहत हो उठता है। इससे दांपत्य जीवन में कटुता और टूटन पैदा हो जाती है।

वैवाहिक जीवन में असंतोष, मान-अभिमान का टकराव, दमित क्रोध और भावनात्मक अलगाव भी पति-पत्नी के बीच यौन असामंजस्य पैदा कर देते हैं। इससे कामेच्छा निस्तेज पड़ जाती है।

सहवास के दौरान संतुष्टि न मिलने से भी यौन के प्रति अरुचि जाग सकती है। यह समस्या स्त्रियों में ज्यादा आम होती है। पुरुष की यौन-अनभिज्ञता और पति-पत्नी के बीच

देहिक-भावात्मक आवश्यकताओं को लेकर खुले संवाद की कमी इसका मूल कारण होते हैं।

अवसाद, तनाव, दुश्चिंता, कुछ शारीरिक रोग, डाक्टरी दवाएँ और नशा भी कामेच्छा का अभाव पैदा कर सकते हैं। प्रशांतक्र दवाएँ जैसे डायेजिपाम, सिडेटिव दवाएँ तथा उच्च रक्तचापरोधक दवाएँ इसका कारण हो सकती हैं। मादक पदार्थों में मदिरा, कोकेन, चरस और गाँजा का लंबे समय तक बराबर सेवन कामदेव को रुष्ट कर सकता है।

यूँ हर व्यक्ति की कामेच्छा परिस्थितियों के मुताबिक घटती-बढ़ती रहती है। सहवास के बीच अंतराल का क्रम क्या हो, इस पर कोई सीमा लागू नहीं की जा सकती। सही और स्वीकार्य क्रम वह है जो पति-पत्नी दोनों को संतुष्ट और प्रसन्न रख सके। पर ज्यादातर विवाहों में यह तालमेल बन नहीं पाता। पाया गया है कि यह पति-पत्नी के बीच असंतोष का सबसे बड़ा कारण होता है। समय के साथ एक का दूसरे के प्रति घटता आकर्षण भी कामेच्छा को अवरुद्ध कर सकता है।

महानगरीय जीवन में तंग घर और बड़े परिवार प्रणय-मिलाप में बाधक बन जाते हैं। एकांत न मिलने से मन निश्चिंत नहीं हो पाता।

एक-सी रुटीन भी मन में ऊब जगा सकती है, जिससे यौन के प्रति अरुचि हो जाती है।

पर इस सबके बावजूद दांपत्य में मन का सेतु बाँध लेने से जीवन संबंध सुखद और मधुर बनाए जा सकते हैं।

मनोविदों का मत है कि वैवाहिक जीवन में दैहिक और भावात्मक सुख एक-दूसरे के पूरक हैं। एक के बिना दूसरा अधूरा रह जाता है। यौन-सुख दांपत्य प्रेम को रागमय बनाता है, पर मन के मेल के बिना यह सुमधुर संगीत में नहीं बदल पाता। संगीत तो तभी झंकृत हो पाता है जब पति-पत्नी के बीच मन की संवेदनाओं के तार मिल जाएँ। एक-दूसरे की भावनाओं की कद्र, मान-सम्मान की रक्षा, विश्वास, मधुर बोल, स्थायित्व, उससे

उपजी निश्चिंतता ही वे सूत्र हैं जिनसे पति-पत्नी के बीच भावात्मक बंधन सुदृढ़ होता है। प्रेम के इस भाव-सागर में ही दैहिक एकाकार अलौकिक सुख का रूप ग्रहण करता है। अतः यौन सामंजस्य स्थापित करने के लिए भावात्मक सामंजस्य पहला और आखिरी सूत्र है। इसे पाने के लिए एक-दूसरे का मन जानना पड़ता है, व्यक्तित्व बूझना पड़ता है और व्यवहार से भी परिचित होना पड़ता है। इतनी संवेदनशीलता हो तो मन के तार जुड़ने में कहीं कठिनाई नहीं आती। यही भावात्मक समीपता दैहिक एकाकार को स्वाभाविक भी बना देती है।

जीवन में कितनी भी व्यस्तता क्यों न हो, एक-दूसरे के लिए समय तलाश लेना जरूरी है। एकांत के कुछ मधुर क्षण संबंधों में वसंत खिला सकते हैं। सर्वेक्षणों से पता चलता है कि कई स्त्रियाँ अपने पतियों से इस बात की काफी नाराजगी रखती हैं कि उनका प्रेम सिर्फ दैहिक मिलन के समय दृष्टिगत होता है, अन्यथा नहीं। अतः परस्पर प्रेम के मधु-प्याले को भरने के लिए

सहवास के अलावा भी मधुरता के क्षण जरूरी हैं। चाहें तो टहलने के लिए ही निकल जाएँ, साथ बैठ संगीत का आनंद लें या बातचीत ही करें। मन को एक-दूसरे के सम्मुख खोल दें, पर्दा न रखें। कई दंपती जीवन-कर्तव्यों में इतने उलझ जाते हैं कि उन्हें परस्पर प्रेम-संबंधों की सुध ही नहीं रहती। यह ठीक नहीं। संतान, माता-पिता, भाई-बहन, मित्रों के प्रति भी सामाजिक-नैतिक दायित्व होता है, पर इसका यह अर्थ नहीं कि दांपत्य संबंधों को निर्जीव हो जाने दें। उसे प्राथमिकता मिलनी ही चाहिए।

यौन-सामंजस्य स्थापित करने के लिए व्यावहारिक यौन-ज्ञान भी इतना ही जरूरी है। परिणय-सूत्र में बँधने से पहले हर स्त्री-पुरुष के लिए यह आवश्यक है कि वे इस विषय पर उपलब्ध स्वस्थ साहित्य का अध्ययन कर लें। समाज में फैली यौन-गलतफहमियों के चक्कर में फँस जाने से असंख्य वैवाहिक जीवन नष्ट हुए हैं।

यौन-अनुकूलता समय और अनुभव से विकसित होती है, पर एक-दूसरे की दैहिक आवश्यकताओं को समझ लेने से इसे पा सकना आसान हो जाता है। इसके लिए पति-पत्नी में खुलापन और संवाद जरूरी है। खुलापन ही प्रेम-क्रिया को सुख की परम अनुभूति में ढाल सकता है।

सहवास के अलावा भी पति-पत्नी के बीच दैहिक स्तर पर प्रेम अभिव्यक्त होता रहे तो इससे उनके बीच प्रेम गाढ़ा होता है। स्पर्श और आलिंगन प्रेम की भाषा के मधुर बोल हैं। यूँ एक-दूसरे के प्रति आकर्षण और प्रेम को अभिव्यक्त करते रहने में भी कतई कोताही नहीं बरतनी चाहिए।

स्त्री-मन के लिए यह जानना भी जरूरी है कि पुरुष के लिए यौन, प्रेम की सबसे तीव्र अभिव्यक्ति है। अतः पत्नी द्वारा अस्वीकार किए जाने पर उसका मन क्षोभ और पीड़ा से भर उठता है, जबकि मधुर व्यवहार द्वारा वह उसके मन में अबोध प्रेम जगा उसकी स्वामिनी बन सकती है। पर किसी कारण यदि वह क्रीड़ारत नहीं होना चाहती, तब भी अपनी व्यवहारकुशलता द्वारा पति के मन को टीस पहुँचने से बचा सकती है।

पुरुष के लिए भी यह आवश्यक है कि वह पत्नी की भावनाओं के प्रति संवेदनशीलता दर्शाए। दैहिक भोग का सुख क्षणिक होता है, जबकि प्रेम का सुख अंतहीन। इसी तरह यौन-क्रीड़ा को नियमों में बाँधना भी ठीक नहीं। वह तो दांपत्य प्रेम का एक सहज रूप है, जिस पर सृष्टि टिकी है। उसे सहज, सरल और अबाध ही बना रहने देना चाहिए; यही उसे सुखमय बनाने का सार है।

गर्भ-निरोध : क्यों, कैसे, कब

तुम कहते हो इसका रोना मुझको नहीं सुहाता है
मैं कहती हूँ इस रोने से सारा घर भर जाता है

—सुभद्रा कुमारी चौहान

अब हमको सुधि की पीड़ा है नहीं सताती
केवल ध्यान यही आता है
आज न बच्चे घर में हैं कूड़ा करने को
खूब सफाई है छत पर, आँगन, कमरों में
पर कुछ खाली-खाली-सी है
आज नहीं अच्छी लगती यह।

—गिरिजाकुमार माथुर

बच्चों का रोना, उनकी किलकारियाँ और शरारतें हर माता-पिता के मन में आनंद की हिलोरें उठाती हैं; हर घर का आँगन उनसे

संपूर्णता पाता है। बच्चे न हों, उनकी किलकारियाँ और शरारतें न हों तो जैसे सबकुछ सूना-सूना लगता है। लेकिन संस्कृत में एक कहावत है— अति सर्वत्र वर्जयेत। किसी भी चीज की ज्यादती अच्छी नहीं होती। एक-दो बच्चों का रोना-हँसना जहाँ मन को मोहता है, वहीं छह-आठ बच्चों का रोना-हँसना मन को वितृष्णा से भर देता है। पहले की संयुक्त परिवार-प्रथा में शायद बच्चों की अधिकता उतनी नहीं खलती थी, लेकिन जैसे-जैसे परिवार इकाइयों में बँटते जा रहे हैं वैसे-वैसे कम बच्चे पैदा करने के प्रति जागरूकता भी बढ़ती जा रही है। माता के स्वास्थ्य, बच्चों के बेहतर लालन-पालन और अन्य कई सामाजिक-आर्थिक कारणों से अब यह जरूरी समझा जाने लगा है कि बच्चे सीमित संख्या में यानी एक-दो ही पैदा किए जाएँ।

शिक्षा की कमी तथा समाज में व्याप्त अंधविश्वास के कारण लोग आम तौर पर बच्चों को ईश्वरीय देन मानते थे। यह बात उनकी समझ में नहीं आती थी कि बच्चों के जन्म को

इच्छानुसार नियंत्रित भी किया जा सकता है। संतति-नियमन के लिए कुछ आध्यात्मिक प्रवृत्ति के लोग ब्रह्मचर्य-पालन की वकालत करते थे, लेकिन युवा दंपती के लिए यह तरीका व्यवहार्य हो ही नहीं सकता था। अतः चिकित्साविज्ञानी बराबर ऐसे उपायों की खोज में लगे रहे, जिन्हें अपनाकर युगल-जीवन में उन्मुक्त प्रणय-सुख का उपभोग करते हुए भी अनचाहे गर्भ से बचा जा सके। उनके अनथक प्रयासों का ही नतीजा है कि आज ऐसी कई विश्वसनीय विधियाँ उपलब्ध हैं और हर दंपती व्यक्तिगत परिस्थितियों एवं रुचि के मुताबिक अपने लिए सबसे उपयुक्त विधि का चयन कर सकता है। पर इसके लिए गर्भनिरोधक विधियों का व्यावहारिक ज्ञान जरूरी है।

अनचाहे गर्भ से बचने के जो उपाय आज प्रचलित हैं, उनमें स्त्रियों के लिए गर्भनिरोधक खानेवाली गोलियाँ, आई.यू.डी., शुक्राणुनाशक वेजाइनल टेब्यूल एवं डायाफ्राम और पुरुषों के लिए कंडोम प्रमुख हैं। इनके साथ-साथ कुछ प्राकृतिक उपाय भी हैं जैसे अंतरित मैथुन और रिद्म पद्धति।

पुरुषों और स्त्रियों के मन में इन सभी उपायों को लेकर तरह-तरह के सवाल उठते रहते हैं। एक तरफ उनके मन में इन उपायों की विश्वसनीयता को लेकर शंका रहती है और दूसरी तरफ वे डरते रहते हैं कि इन उपायों को अपनाने से कहीं स्वास्थ्य पर विपरीत प्रभाव न पड़े।

पहले हम इन तरीकों की विश्वसनीयता या दूसरे शब्दों में कहें तो सुरक्षा प्रदान करने की दर के बारे में बात करें। यह देखा गया है कि सबसे सफल विधि गर्भनिरोधक गोलियाँ हैं; जिनकी कामयाबी की दर तकरीबन सौ प्रतिशत है। नई आई शुक्राणुनाशक वेजाइनल टेब्यूल 'टूडे' भी इतनी ही सक्षम हैं। उसके बाद आई.यू.डी. है और फिर कंडोम और डायाफ्राम लेकिन अंतरित मैथुन और रिद्म पद्धति जैसे प्राकृतिक उपाय इतने विश्वसनीय नहीं हैं; उनकी असफलता की दर बहुत अधिक है।

अब सवाल उठता है कि इनमें से कौन-सा तरीका सर्वाधिक

उपयुक्त है, तो यह पति-पत्नी की व्यक्तिगत परिस्थितियों, उनके स्वास्थ्य और उनकी रुचि पर निर्भर करता है। फिर भी, नवविवाहित दंपतियों में स्त्री के लिए गर्भनिरोधक गोलियाँ सुरक्षा का सबसे अच्छा रास्ता है। एक बार गर्भवती रह चुकने के बाद आगे आई. यू. डी. भी उतना ही सार्थक उपाय है। पुरुषों के लिए कंडोम एक सरल और विश्वसनीय उपाय है। किंतु हर विधि हर किसी को माफिक नहीं आती और न ही किसी एक विधि का अपनाया जाना हरेक के लिए मुनासिब होता है। इसलिए जरूरी है कि हर तरीके की खामियों और खूबियों को आँककर, डाक्टरी सलाह से ही किसी एक तरीके का चयन किया जाए।

अब हम उपर्युक्त प्रमुख तरीकों पर अलग-अलग विस्तार से बात करें।

गर्भनिरोधक खानेवाली गोलियाँ

पैंतीस वर्ष से कम उम्र की सामान्य स्वास्थ्यवाली महिलाओं में गर्भनिरोधक गोलियाँ गर्भनिरोध का एक सार्थक उपाय है। यह

उपाय नवविवाहिताओं के लिए विशेष रूप से उपयोगी है, क्योंकि इससे काम-सुख में किसी तरह का विघ्न नहीं पड़ता और सुरक्षा भी पूरी-पूरी मिलती है। पर इन्हें शुरू करने से पहले डाक्टर द्वारा जाँच अवश्य करवा लेनी चाहिए। आमतौर पर उन स्त्रियों के लिए गर्भनिरोधक गोलियाँ लेना मना है, जिन्हें पहले कभी शिराओं में खून जमने की शिकायत रही हो; पिछले छह महीनों में पीलिया या जिगर का कोई रोग हुआ हो; माइग्रेन, मिरगी, दमा, मधुमेह, उच्च रक्तचाप या हृदयरोग हो; स्तन या जननांगों का कैंसर हो अथवा योनि से बिना स्पष्ट कारण के खून गिरने की तकलीफ हो। बच्चों को दूध पिला रही माताओं पर भी यह बंदिश है। पैंतीस वर्ष की उम्र के बाद इन्हें लेना वर्जित तो नहीं, पर बेहतरी इसी में है कि कोई दूसरी विधि अपनाई जाए। यह परहेज धूम्रपान करनेवाली महिलाओं पर खास लागू होता है!

गर्भनिरोधक गोलियों की उपयुक्तता प्रमाणित होने के बाद, लगातार तीन वर्ष तक इनका सेवन किया जा सकता है। प्रतिदिन एक गोली लेनी होती है। अगर भूल से किसी दिन गोली न ली जा सके, तो अगले दिन दो गोलियाँ ले ली जाएँ—एक सुबह के वक्त और दूसरी रात को सोते समय। उसके बाद पुराना क्रम जारी रखा जाए। यदि लगातार दो दिन तक या इससे ज्यादा बार भूल हो जाए तो गोलियाँ तो लेते रहना चाहिए, लेकिन अगले ऋतु-स्राव तक सुरक्षा के लिए किसी दूसरे साधन जैसे वेजाइनल टेब्यूल या साथी द्वारा कंडोम का उपयोग आवश्यक है।

गर्भनिरोधक गोलियों के इस्तेमाल को लेकर पति-पत्नी के मन में कई प्रकार की आशंकाएँ रहती हैं। वे सोचते हैं कि लगातार गोलियों के सेवन से स्त्री की प्रजनन-क्षमता हमेशा के लिए नष्ट हो जाती है; कि उनके बच्चों में अक्सर जन्मजात विकृतियाँ पैदा हो जाती हैं; कि ये गोलियाँ कैंसरजनक हैं; और कि इनके लगातार सेवन से छाती का दूध सूख जाता है। लेकिन ये सारी शंकाएँ निराधार हैं। इन गोलियों का प्रयोग बंद करने के बाद एक से तीन महीने के भीतर स्त्री की प्रजनन-क्षमता पहले

जैसी हो जाती है और उसे गर्भवती होने में कोई दिक्कत नहीं होती; बच्चों में जन्मजात विकृतियाँ भी नहीं होती हैं। लेकिन जहाँ तक इनके कैंसरजनक होने का सवाल है, पहले से यदि गर्भाशय या स्तन-कैंसर हो तो इनके सेवन से वह बढ़ सकता है; इसीलिए स्तन या जननांगों का कैंसर होने पर इनका प्रयोग वर्जित किया गया है। सामान्य स्वास्थ्यवाली स्त्री को गोलियों के प्रयोग से कैंसर का कोई खतरा नहीं हो सकता। यही स्थिति छाती का दूध सूखने को लेकर है। कुछेक महिलाओं में यह समस्या हो सकती है। इसीलिए स्तनपान करा रही महिलाओं के लिए इनका प्रयोग वर्जित है; उन्हें कोई दूसरा गर्भनिरोधक साधन अपनाना चाहिए।

इन गोलियों के प्रयोग का सबसे बड़ा फायदा यह है कि सहवास क्रिया से संबंधित न होने के कारण काम-सुख में कोई बाधा नहीं आती; फिर नियमित रूप से लिए जाने पर सुरक्षा लगभग सौ प्रतिशत होती है और ऋतुकाल की समस्याएँ तथा अनियमितताएँ इन्हें लेने पर ठीक हो जाती हैं। लेकिन कुछ स्त्रियों

को शुरू में ये माफिक नहीं आतीं और उनमें चक्कर आना, वजन बढ़ना, जी मितलाना, वक्ष में पीड़ा महसूस होना जैसे लक्षण उभर आते हैं। यदि ये लक्षण दो-तीन मासिक चक्र के बाद भी बने रहते हैं तो डाक्टरी सलाह लेना जरूरी हो जाता है।

आई.यू.डी. (कॉपर-टी)

आई.यू.डी. गर्भाशय में रखा जानेवाला गर्भनिरोध का कोई भी साधन हो सकता है। लूप इसका ही एक रूप है। पर आज इसका सबसे ज्यादा प्रचलित रूप कॉपर-टी है जो प्लास्टिक से बनता है और उस पर तांबे की बारीक तारें लिपटी रहती हैं। इसकी शक्ल अंग्रेजी के 'टी' अक्षर जैसी होती है।

कॉपर-टी उन महिलाओं में गर्भनिरोध का एक उपयुक्त तरीका है जो कम-से-कम एक बार संतान धारण कर चुकी हैं। नव-विवाहिताओं को कॉपर-टी नहीं लगवाना चाहिए, क्योंकि इससे श्रोणी में सूजन होने का डर रहता है जिससे भविष्य में गर्भ धारण करने में कठिनाई हो सकती है। इसका इस्तेमाल दो बच्चों के बीच सही फासला रखने के लिए ही किया जाना चाहिए।

नव-विवाहिताओं के अलावा जिन महिलाओं में श्रोणी का इन्फैक्शन हो, पहले से ही मासिक-स्राव भारी या अनियमित हो, पेड़ू में दर्द रहता हो, गर्भाशय की रसौली हो, गर्भाशयग्रीवा की सूजन हो, अत्यधिक रक्ताल्पता हो, पहले कभी अनुपयुक्त अंश में गर्भ ठहरा हो (एक्टोपिक प्रेगनेंसी हुई हो) या सिजेरियन ऑपरेशन हुआ हो, उनमें कॉपर-टी नहीं लगाई जाती।

कॉपर-टी के बारे में एक आम धारणा है कि इसे लगवाते समय बहुत कष्ट होता है। लेकिन ऐसा नहीं है। हल्की-सी क्षणिक पीड़ा हो सकती है, पर प्रायः उसे लगाने में कुछ मिनट ही लगते हैं और उसके बाद स्त्री सामान्य रूप से दैनिक कामकाज कर सकती है।

कॉपर-टी लगवाने के बाद क्रमशः पहले और तीसरे ऋतु-स्राव के बाद डॉक्टरी जाँच करवा लेना ठीक रहता है, क्योंकि

इन शुरू के महीनों में कॉपर-टी के निकल जाने की हल्की आशंका रहती है। इसके बाद वार्षिक जाँच करवाते रहना पर्याप्त है। इस थोड़ी-सी सावधानी के बाद एक बार लगवाई गई कॉपर-टी तीन वर्ष तक प्रभावशाली रहती है। इसके बाद उसे बदलने की जरूरत पड़ती है। उसके लगे रहने पर समय का कोई प्रतिबंध नहीं है।

आमतौर पर कॉपर-टी लगवाने से कोई समस्या पैदा नहीं होती है। कुछेक महिलाओं में पहले कुछ दिनों में पेट में ऐंठन और हल्का दर्द रह सकता है; पहले दो-तीन ऋतु-स्राव अधिक भारी हो सकते हैं; एक सप्ताह तक छिटपुट रक्तस्राव भी हो सकता है, पर प्रायः दो-तीन मासिक चक्र के बाद स्थिति पुनः सामान्य हो जाती है। यदि दो-तीन मासिक चक्र के बाद भी कोई समस्या बनी रहे, तो डाक्टर से सलाह ले लेना जरूरी है। तब आवश्यक होने पर कॉपर-टी को निकाल दिया जाता है।

कॉपर-टी गर्भनिरोध का लगभग शत-प्रतिशत विश्वसनीय तरीका है। फिर भी इक्का-दुक्का मामलों में ऐसा हो सकता है

कि कॉपर-टी असफल हो जाए, लेकिन ऐसा प्रायः कॉपर-टी के गर्भाशय से हट जाने पर होता है। इस तरह ठहरे हुए गर्भ तीस प्रतिशत मामलों में खुद ही गिर जाते हैं। बाकी सत्तर प्रतिशत मामलों में समस्या केवल अवांछनीय गर्भ की होती है। यदि दंपती गर्भ रखना चाहे, जो कॉपर-टी की उपस्थिति उसके विकास में बाधक नहीं होती।

ऊपर यह बात स्पष्ट की जा चुकी है कि कॉपर-टी दो बच्चों के जन्म के बीच सही फासला रखने का उपयुक्त साधन है। इसका अर्थ यह कि कॉपर-टी निकलवाने के बाद प्रायः गर्भ धारण करने में कोई दिक्कत नहीं होती है और उसके हटते ही प्रजनन-क्षमता आमतौर पर सामान्य हो जाती है।

शुक्राणुनाशक वेजाइनल टेब्यूल

शुक्राणुनाशक जैली, क्रीम और गोलियों का प्रचलन बहुत पुराना है, पर उनकी विश्वसनीयता और उपयोगिता सीमित रही है। लेकिन कुछ साल पहले 'टूडे' नामक एक नई वेजाइनल टेब्यूल बाजार में लाई गई है, जिसमें नॉर-ऑक्सीनोल-9 नामक शुक्राणुनाशक रसायन है। इस रसायन की विश्वसनीयता शत-प्रतिशत कही जा रही है।

इस टेब्यूल को सहवास-क्रिया से दस-पंद्रह मिनट पहले योनि के ऊपरी भाग में रखना होता है। दूसरे शुक्राणुनाशक गर्भनिरोधकों—आथ्रोगाइनोल, प्रिसेप्टीन क्रीम आदि के इस्तेमाल की भी यही विधि है, जो कुछ दंपतियों को रास नहीं आती। इस विधि का संबंध सहवास-क्रिया से होने के कारण, प्रेमी-युगल के लिए इसका प्रयोग स्पॉनटेनिटी में बाधक तो बनता ही है, मन में एक प्रकार की जुगुप्सा भी उत्पन्न करता है। इसीलिए यह विधि बहुत प्रचलित नहीं है।

योनि में किसी तरह का इनफैक्शन होने पर शुक्राणुनाशक गर्भनिरोधकों का उपयोग वर्जित होता है। कुछ लोगों में इनके प्रति एलर्जी भी उत्पन्न हो सकती है। लेकिन इसके बावजूद कुछ खास स्थितियों में—जैसे मधुमेह या उच्च रक्तचाप से पीड़ित

महिलाओं में यह एक उपयोगी गर्भनिरोधक विधि है।

कंडोम

कंडोम गर्भनिरोध का एक आसान और सुलभ तरीका है, जिसके इस्तेमाल से पहले डाक्टर की सलाह लेना भी जरूरी नहीं। शायद इसीलिए यह इतना ज्यादा प्रचलित भी है। गर्भनिरोध के अलावा, इसके प्रयोग से संक्रामक यौन-रोगों से भी सुरक्षा मिलती है।

कंडोम एक विश्वसनीय गर्भनिरोधक है, पर इसकी पूरी सफलता के लिए इसका सही इस्तेमाल जरूरी है। इसकी असफलता का प्रमुख कारण प्रायः इसके उपयोग के समय बरती गई असावधानी ही होता है। सहवास-क्रिया के दौरान कंडोम के निकल जाने या फट जाने से भी गर्भ ठहर सकता है, पर ऐसे मामले बहुत कम होते हैं।

यद्यपि कंडोम अत्यंत लोकप्रिय गर्भनिरोधक है, पर कुछ दंपती इसे काम-तुष्टि में बाधक मानते हैं। इक्के-दुक्के मामलों में कंडोम की रबड़ के प्रति एलर्जी भी हो सकती है।

दांपत्य जीवन में बिखराव के संकेत

मेरे और तुम्हारे बीच का खुला आसमान
गली के भीतर मकान की
बाहरी खिड़की की तरह
सील कर दिया गया है—

घर के बाहर
दरवाजे पर दस्तक देता सूरज
दीवारों से टकराता वसंत
वापस लौट गए हैं।

घर भर में फैला है
धुएँ का एकांत गुबार
रिश्तों पर छा गई है

परत-दर-परत अँधेरे की।

जीने की समझ
अजगर-सी लपलपाती है
जीभ के दोकुल से
भयभीत आँखों में
जिंदगी जड़ हो गई है।

—कमल कुमार : 'घर'

क्या दांपत्य की प्रेम-ऊष्मा निस्तेज होने से बचाई नहीं जा सकती? मन-संवेदनाओं का सेतु टूटने की बजाय और ज्यादा मजबूत नहीं बनाया जा सकता? जीवन सुमधुर संगीत में झंकृत नहीं किया जा सकता?

क्यों नहीं!

मनोविश्लेषकों के मुताबिक टूटन से पहले संबंधों का बिखराव तरह-तरह से प्रकट होता है। पर ज्यादातर पति-पत्नी इन संकेतों के प्रति जागरूक नहीं होते और इससे ही विषमताओं की

खाई गहरी होती चली जाती है, जबकि इनके प्रति संवेदनशील रहने से संबंधों को जड़ होने से बचाया जा सकता है। बिखराव के ये लक्षण दांपत्य जीवन के हर छोटे-बड़े पहलू से जुड़े हो सकते हैं और कई रूपों में प्रतिबिंबित होते हैं।

हर छोटी-छोटी असहमति झड़प में तब्दील हो जाती है

दांपत्य जीवन में थोड़ा-बहुत वैचारिक मतभेद स्वाभाविक है। कोई भी दो प्राणी जीवन के हर पहलू के बारे में पूरी तरह एकमत, एकराय नहीं हो सकते। संबंधों की प्रगाढ़ता तो इसी में है कि पति-पत्नी अपनी-अपनी राय सामने रखें और इसके बावजूद उनमें अनबन न हो। पर जब हर वैचारिक विमिलन लड़ाई-झगड़े में बदलने लगे तो यह स्पष्ट संकेत है कि संबंधों में तनाव हावी है। किसी भी व्यक्ति का हर पक्ष दूसरे की रुचि के मुताबिक नहीं हो सकता। हरेक में कुछ अच्छा होता है, तो कुछ कमियाँ भी होती हैं। पर जब सिर्फ कमियाँ ही कमियाँ नजर आने लगती हैं, तो जरूर कहीं कोई गहरी समस्या सिर उठा रही होती है। उसे समय से पहचान लेना जरूरी है।

अहम् की दीवारें ऊँची उठने लगती हैं

दांपत्य जीवन का सुख पृथकता में नहीं, एक-दूसरे में समाहित हो जाने में है। पर इसके बावजूद कुछ पति-पत्नी अपने बीच मान-अभिमान की दीवारें खड़ी कर लेते हैं। परिणामतः संबंध हार-जीत की अस्वस्थ स्पर्धा में जकड़ जाते हैं, जबकि हार किसी एक की नहीं, दोनों की होती है, प्रेम की होती है।

परस्पर आस्था-विश्वास के शिलास्तंभ डगमगाने लगते हैं

एक-दूसरे पर अगाध विश्वास दांपत्य प्रेम का अनिवार्य अंग है। जब यह डगमगाने लगे, कोई अपने मनोभाव, सुख-दुख, भेद की बात जीवनसाथी से बाँटने में हिचकिचाने लगे, तो यह इस

का स्पष्ट परिचायक है कि मन का सेतु टूट चला है; संबंधों की सर्द लहर अंतर्मन तक पहुँच गई है।

हँसी-खुशी और उल्लास के स्वर मौन हो जाते हैं

दांपत्य जीवन को रागमय बनाए रखना बहुत जरूरी है। प्रेमभरे संबोधन, साथ हँसना-खेलना, आमोद-प्रमोद के लिए समय निकालना संबंधों में और ज्यादा मधुरता और समीपता लाता है। पर जब ये स्वर मद्धिम पड़ने लगें, संबंधों में खामोशी छा जाए तो पति-पत्नी के लिए जरूरी है कि वे अंतर्निरीक्षण करें कि ऐसा क्यों घट रहा है?

मधुर स्मृतियों के सुखद बिंब स्मृतिपटल पर धूमिल पड़ने लगते हैं

बीते कल की खुशनुमा यादें, साथ बीते मधुर क्षणों की सुखद स्मृतियाँ दांपत्य गठबंधन को सशक्त बनाती हैं। उनकी याद ताजा

कर प्रेम खुद-ब-खुद उमड़ पड़ता है। कब-कैसे मुश्किलों का साथ मिलकर सामना किया था, कैसे-कैसे घर जुटाया था, प्रेम की दुनिया बसाई थी—उसकी स्मृतियाँ!

किंतु संबंधों में जब तनाव और असंतोष बिखर जाता है, तो ये स्मृतियाँ धूमिल पड़ने लगती हैं; हालाँकि अब भी उनकी याद ताजा कर एक नई शुरुआत की जा सकती है।

साथ-संवाद से मन दूर भागने लगता है

जब एक-दूसरे का साथ रास नहीं आता, पति-पत्नी एक-दूसरे से कटने लगते हैं, घर लौटने का मन नहीं करता, आपसी संवाद घटता जाता है, तो यह संबंधों की टूटन को रेखांकित करता है। देर रात तक दोस्तों में बैठे रहना, नशे में धुत होकर घर लौटना आंतरिक असंतोष के ही लक्षण हैं।

एक-दूसरे के रुझान, मित्र और संबंधी रास नहीं आते

एक-दूसरे की रुचियों में रुचि रखना, मित्रों और संबंधियों को यथोचित आदर और समय देना दांपत्य में प्रेम के स्वर जगाता है। पर जैसे-जैसे एक-दूसरे के प्रति असंतोष बढ़ता है, सहभागिता का भाव क्षीण होता जाता है। तब यह सब विसंगत दीखने लगता है।

एक को दूसरे की उपलब्धि सुख-संतोष नहीं देती

यह दांपत्य संबंधों के निष्प्राण हो जाने का संकेत है। वरना प्रेम जितना गाढ़ा होगा, उतना ही एक की उपलब्धि दूसरे में सुख-संतोष के स्वर उपजाएगी। इससे ही पारिवारिक व्यक्ति जीवन में कुछ पाने की मंजिलें तय करता हैं, प्रेरणा पाता है।

दैहिक संबंध यांत्रिक हो उठते हैं

विवाह का भौतिक पक्ष प्रेम के बिना अधूरा रह जाता है। उसमें

अलौकिक सुख तभी प्राप्त हो पाता है, जब पति-पत्नी के बीच अथाह प्रेम होता है। अतः जब यौन-संबंध यांत्रिक लगने लगें, उनमें सुख न मिले, तो संबंधों का अंतरावलोकन जरूरी हो जाता है। यह प्रेम का सागर सूखने का लक्षण है।

जीवन-जीवनांतर तक साथ निभाने का संकल्प सुख देने की बजाय अवसाद पैदा करने लगता है

भविष्य को लेकर सपने सँजोना दांपत्य जीवन का अत्यंत सुखद पक्ष है। पर जैसे-जैसे मन के कपाट एक-दूसरे पर बंद होने लगते हैं, संबंध बोझ दिखने लगते हैं, मन उदासी से भर उठता है, शंकाएँ सिर उठाने लगती हैं कि साथ-साथ कैसे बसर होगी।

कष्टप्रद सहवास

घोर निर्जन में परिस्थिति ने दिया है डाल!
याद आता तुम्हारा सिंदुर तिलकित भाल!
कौन है वह व्यक्ति जिसको चाहिए न समाज?
कौन है वह एक जिसको नहीं पड़ता दूसरे से काज?
चाहिए किसको नहीं सहयोग?
चाहिए किसको नहीं सहवास?
कौन चाहेगा कि उसका शून्य में टकराए यह उच्छ्वास!

—नागार्जुन : 'सिंदुर तिलकित भाल'

सहवास-सुख दांपत्य जीवन का अति मधुर पक्ष है। उससे पति-पत्नी के बीच परस्पर अनुराग, परितोष, भावात्मक पूर्ति और समर्पण-भाव का सुखसागर जीवन पाता है। यह दांपत्य प्रेम

का वह चरम बिंदु है, जिसमें युगल जीवन की संपूर्णता समाहित है।

किंतु स्त्री-मन में बसे पूर्वाग्रह और तन के कुछ खास विकार युगल जीवन के भौतिक सुख को क्षतविक्षत कर सकते हैं। उनके होते तन का मिलन इतना कष्टमय हो जाता है कि वैवाहिक जीवन में प्रेम की यह सहज अभिव्यक्ति संभव नहीं रह पाती। 'डिसपैरुनिया' कही जानेवाली यह अवस्था दांपत्य जीवन में गहरी दरार उत्पन्न कर देती है।

डिसपैरुनिया के कई कारण और कई रूप हैं :

मनोवैज्ञानिक कारण

परिणय सूत्र में बँधने से पूर्व मन में बसी मनोवैज्ञानिक कुंठाएँ, निर्मूल आशंकाएँ और पूर्वाग्रह दांपत्य संबंधों में गहरी आकुलता उत्पन्न कर सकते हैं। जीवन के शुरू के वर्षों से घर-बाहर यौन के प्रति असुखद, अस्वाभाविक नजरिया देख सुप्त मन इतना

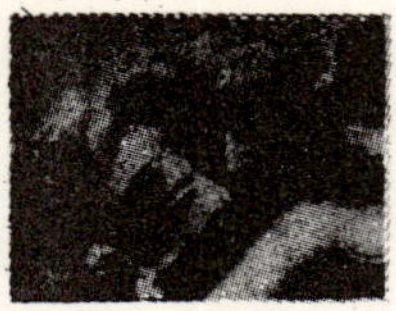

आतंकित हो जाता है कि दैहिक मिलन में एकसार होना असंभव हो जाता है। मनोविश्लेषकों के मुताबिक ऐसे में स्त्री-मन सहवास को पुरुष-आक्रामकता का द्योतक मान बैठता है। विवाह-पूर्व स्त्री के साथ हुई यौन-अति भी उसमें यौन-वितृष्णा उत्पन्न कर सकती है। कुछ का मन इस पूर्वाग्रह से आकुल रहता है कि प्रथम मिलन अत्यंत कष्टमय होता है।

स्त्री-मन की ये दुश्चिंताएँ उसे प्रणय-मिलन के लिए असमर्थ बना देती हैं। स्पर्श की अनुभूति से ही श्रोणी प्रदेश की मांसपेशियाँ संकुचित हो जाती हैं। इससे योनि-मार्ग इतना तंग हो जाता है कि सहवास संभव नहीं हो पाता। इसे 'वैजिनिस्मस' कहते हैं।

स्त्री की यह दुश्चिंता वैवाहिक जीवन के प्रारंभिक दिनों में पुरुष के अकुशल यौन-व्यवहार से भी उत्पन्न हो सकती है। प्रारंभिक मिलन यदि अधिक कष्टकारी होता है, तो आगे उसकी कल्पना भी इतनी असुखद हो जाती है कि तन-मन उससे विमुख हो जाता है।

विवाहिता स्त्रियों में कठिन प्रसव के बाद भी यह मनोवैज्ञानिक बाधा खड़ी हो सकती है। उनका अवचेतन, प्रसव के कष्ट को सहवास की परिणति मान सहवास से दूर रहना चाहता है और परिणामतः देह उसमें सम्मिलित न होने के लिए 'वैजिनिस्मस' का आश्रय लेती है।

प्रायः एक बार यह समस्या उठ खड़ी होने पर आगे एक चक्रव्यूह-सा बन जाता है। जब-जब पति-पत्नी मिलन में बँधना चाहते हैं, स्त्री पीड़ा से भर उठती है। योनिद्वार की त्वचा का आघात भौतिक वेदना देता है, पर मन की वेदना भी कम नहीं होती। मन हताशा और खुद के प्रति जुगुप्सा से भर उठता है। इसके साथ ही पुरुष-मन भी शंकाओं में डूब जाता है। उसके धैर्य का बाँध टूटने लगता है और संबंधों में असंतोष और बिखराव का कुहासा घिर आता है। लेकिन प्रेम सेतु स्थापित करने का

एकमात्र रास्ता स्त्री को उसकी मनोवैज्ञानिक बाधाओं से मुक्ति दिलवाना है।

शारीरिक कारण

कई किस्म के शारीरिक विकास भी सहवास-क्रिया को कष्टमय बना सकते हैं।

योनिद्वार की सूजन, मूत्रनली (यूरेथरा) के शोध से उपजी मांस की गाँठ (क्रंकल), योनिद्वार से सटी जननमार्ग-ग्रंथि बर्थोलिन ग्लैंड की सूजन, किसी पूर्व-प्रसव या ऑपरेशन का कष्टकारी दाग और गुदाद्वार का फिशर सहवास के प्रयास को ही पीड़ामय बना देते हैं। अक्षत योनिच्छद, भंग योनिच्छद के किनारों की सूजन, जन्म से या रोगवश सँकरा योनिद्वार, किसी ऑपरेशन से उत्पन्न हुआ सँकरापन अवरोध बनकर वैवाहिक जीवन के भौतिक सुख में बाधक बन जाते हैं। योनिमार्ग भी जन्म से या जीवन के चलते किसी विकार अथवा ऑपरेशन के कारण

तंग और विकृत हो सकता है।

गर्भाशयग्रीवा की सूजन (सर्विसाइटिस), श्रोणी प्रदेश की सूजन, गर्भाशय का भीतर ही घूमकर पलट जाना (रेट्रोवर्जन), डिंब-ग्रंथियों का अपने स्थान से नीचे उतर आना, डिंब-ग्रंथियों और डिंबवाही नलियों की सूजन और रसौली, तथा एंडोमिट्रियोसिस रोग सहवास-क्रिया में सीधे बाधक न होते हुए, क्रीड़ा के दौरान आंतरिक पीड़ा पहुँचाते हैं। इसे 'कोलिजन डिसपैरुनिया' कहा जाता है। कुछ रोगियों में यह पीड़ा सहवास-क्रिया के कई घंटों बाद तक बनी रहती है, जिसे 'पोस्ट-क्वाइटल डिसपैरुनिया' कहते हैं।

डिसपैरुनिया के होने पर पति-पत्नी को बिना किसी संकोच के डाक्टरी परामर्श लेना चाहिए— पहले किसी स्त्रीरोग विशेषज्ञ से, जो स्त्री की आंतरिक जाँच द्वारा यह स्पष्ट कर सकता है कि समस्या का मूल कारण क्या है। यदि समस्या का कोई शारीरिक कारण मिलता है, तो उसका उचित उपचार किया जाता है।

पर जिन मामलों में समस्या मनोवैज्ञानिक स्तर पर होती है अथवा यौन तकनीक से जुड़ी होती है, उनमें समस्या की तह तक पहुँचने के लिए पति-पत्नी और चिकित्सक के बीच खुली बातचीत जरूरी होती है। एक अनुभवी चिकित्सक पति-पत्नी में विश्वास जगा उनकी समस्या का सहज निदान कर सकता है। जो स्त्रियाँ इस शंका में डूबी होती हैं कि उनमें जननांगों का विकास सामान्य ढंग से नहीं हुआ है, उन्हें इस पक्ष के बारे में आश्वस्त कराया जाता है। साथ ही पति-पत्नी दोनों को यौन तकनीक के बारे में भी उचित जानकारी दी जाती है। यदि स्त्री में योनिच्छद ज्यादा सख्त होता है, तो स्थानीय संवेदनाहारी देकर उसका आयतन शल्य उपकरण द्वारा खोल दिया जाता है।

अधिक पेचीदा मामलों में दांपत्य मनोविशेषज्ञ की सलाह सार्थक साबित होती है। इस बीच पति के लिए यह आवश्यक है कि वह अपना धैर्य न गँवाए। मनोवैज्ञानिक बाधाओं को लाँघने

में स्त्री को प्रायः कुछ समय लगता है। पर एक बार परस्पर प्रेम का सेतु कायम हो जाने पर सब बाधाएँ खुद दूर हो जाती हैं और मिलन सहज, सरल और अबाध हो जाता है।

यौन उलझनों के चक्रव्यूह

व्यावहारिक यौन-ज्ञान मधुर वैवाहिक संबंधों की बुनियादी कड़ी है। प्रेम-रस में भीगा दांपत्य इसके बिना कई बार अधखिला रह जाता है। पर कैसी विडंबना है कि कामदेव के इस देश में, जहाँ कामसूत्र और कामशास्त्र जैसे कुशल यौन-व्यवहार ग्रंथों का सृजन हुआ और मंदिरों में मुखर कलाकृतियों द्वारा यौन-ज्ञान प्रसार की परंपरा रही, वहाँ प्रेम का यह सहज रूप गुमराह करते यौन-मिथकों के जाल में कैद हो गया है। सुनी-सुनाई ऊलजुलूल बातें और विकृत साहित्य पर पल रही आकुलताएँ एवं पूर्वाग्रह प्रेम की बगिया को वसंत आने से पहले ही मुरझा देते हैं। यहाँ प्रस्तुत है कुछ आम यौन-गलतफहमियों और उलझनों का वैज्ञानिक समाधान।

आम धारणा है कि प्रणय-मिलन में परम सुख की प्राप्ति के

लिए काम-क्रीड़ा का लंबे समय तक चलना आवश्यक है। लेकिन यह केवल एक गलतफ़हमी है। प्रेम की रागात्मक प्रक्रिया को घड़ी की सुइयों से बाँधना सरासर अनुचित है। परम सुख की प्राप्ति परस्पर अबाध प्रेम, खुले संवाद और यौन-अनुकूलता से जुड़ी है। एक-दूसरे की दैहिक-भावनात्मक आवश्यकताओं को समझ, उनकी पूर्ति करने से ही मिलन आनंदकारी बन पाता है।

ऐसी ही मिथ्या धारणा शीघ्रपतन के बारे में भी है। यह एक आम यौन-विकार है, जिसकी जड़ें प्रायः मनोवैज्ञानिक स्तर पर पाई जाती हैं। सुविख्यात यौनविज्ञानी किंसे के अनुसार ज्यादातर पुरुष दो मिनट के भीतर स्खलित हो जाते हैं। यह सामान्य बात है। पर कुछ पुरुष क्रीड़ारत होने से पहले, ऐन वक्त पर अथवा प्रवेश के तत्काल बाद स्खलित हो जाते हैं। इसे ही शीघ्रपतन कहते हैं।

ज्यादातर मामलों में इसका कारण मनोवैज्ञानिक होता है। यौन-सामर्थ्य के प्रति अस्वाभाविक चिंता, शंकाएँ, यौन-अनुभवहीनता और अत्यधिक व्यग्रता शीघ्रपतन के प्रमुख कारण हैं। लंबे

अंतराल के बाद किया गया सहवास या संगिनी से असामंजस्य भी यह समस्या उत्पन्न कर सकता है। मदिरा और अन्य मादक पदार्थों का नशा भी व्यवधानकारी सिद्ध हो सकता है। प्रायः एक बार की असफलता समस्या को और ज्यादा उग्र बना देती है। इससे मनोवैज्ञानिक दबाव बढ़ता जाता है और तनाव तथा दुश्चिंता गहरा उठते हैं। परिणामस्वरूप एक चक्रव्यूह-सा बन जाता है, जिससे यौन-जीवन नारकीय हो जाता है।

शीघ्रपतन के उपचार के लिए किसी किस्म के सेक्स टॉनिक अथवा जड़ी-बूटियों की जरूरत नहीं होती और न ही तथाकथित यौन-विशेषज्ञों के पास जाना ठीक रहता है। सच तो यह है कि संवेदनशील, कुशल जीवन-संगिनी पति के मन की चिंता दूर कर समस्या हल कर सकती है, यदि समस्या तब भी दूर न हो तो किसी कुशल यौन-चिकित्सक अथवा मनश्चिकित्सक से परामर्श लेना चाहिए। विशिष्ट यौन-व्यायामों द्वारा भी समाधान संभव होता है। पर बाजार में मिलनेवाली संवेदनाहारी क्रीम का उपयोग हानिकारक हो सकता है। कुछ भूले-भटके लोग मदिरापान की सलाह भी देते हैं। लेकिन यह ठीक नहीं है।

शीघ्रपतन के बारे में एक धारणा यह भी है कि यह पुरुष में विवाहपूर्व रही हस्तमैथुन की आदत के कारण पैदा हुआ विकार है। लेकिन यह धारणा कतई गलत है। हस्तमैथुन कोई अस्वास्थ्यकारी क्रिया नहीं है, जो किसी विकार को जन्म दे। यह तो कामेच्छा की पूर्ति का एक सुगम उपाय है, जिससे भीतर उफन रहा ज्वार शांत हो जाता है।

यौन-व्यवहार पर बहुचर्चित किंसे रपट के मुताबिक अमेरिका में हुए व्यापक अध्ययन में 99 प्रतिशत पुरुषों ने इस बात की पुष्टि की कि वे इस क्रिया के आदी हैं। जो क्रिया 99 प्रतिशत लोगों में पाई जाए, वह विकारजन्य कैसे हो सकती है?

हस्तमैथुन का यौन-क्रिया पर कोई दुष्प्रभाव नहीं पड़ता। पर कोई व्यक्ति अकारण ही इस भ्रमजाल में पड़ जाए, शंकाओं-चिंताओं में डूब जाए तो मनोवैज्ञानिक स्तर पर उपजी समस्याओं से उसका यौन-जीवन संकट में पड़ सकता है।

वैवाहिक जीवन के शुरू के दिनों में यह संकट सबसे गहरा होता है। एक तरफ नए जीवन की शुरुआत से जुड़ी आकुलताएँ, दूसरी तरफ खुद के प्रति शंकाएँ तनाव को इतना सघन कर देती हैं कि सबकुछ सामान्य होते हुए भी कुछ सामान्य नहीं रह पाता।

इस चक्रव्यूह से बाहर आने का एकमात्र रास्ता है—खुद को शंका-संदेह से मुक्त कर आत्मविश्वास धारण करना। आधुनिक चिकित्सा में भी रोगी की मानसिक व्यग्रता दूर करने की ही कोशिश की जाती है, एक समझदार पत्नी भी अपनी व्यवहारकुशलता, माधुर्य और धैर्य से यह संभव कर सकती है।

विवाह के पश्चात भी यौन-जीवन में हस्तमैथुन का स्थान बना रह सकता है। विरह के दिनों में, पति-पत्नी में से किसी एक के बीमार हो जाने पर या जब पति-पत्नी की कामेच्छा मेल न खाती हो, तब यह क्रिया यौन-सुख प्राप्त करने का जरिया बन सकती है। इसके प्रति मन में कोई दुराग्रह नहीं रखना चाहिए।

एक और विकार की चर्चा होती है और वह है स्वप्नदोष। लेकिन असलियत में यंह शब्द ही ठीक नहीं रचा गया है।

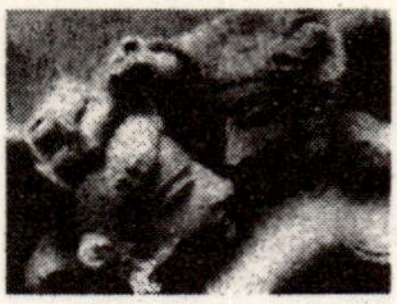

स्वप्नदोष किसी किस्म का दोष या विकार नहीं है। यह एक सामान्य शारीरिक क्रिया है, जो किशोरावस्था से शुरू होकर वृद्धावस्था तक हर पुरुष में देखी जा सकती है। इसे स्वप्नमैथुन कहना ज्यादा उचित होगा, क्योंकि इसका जुड़ाव काम-संबंधी सपनों के साथ होता है। यह एक तरह से कामेच्छाओं के निकास का कुदरती रास्ता है, जिसमें सुप्त मन भागीदार होता है। इसके प्रति चिंतित होना ठीक नहीं है।

एक मिथ्या धारणा यह है कि किसी औषधि के सेवन से काम-शक्ति बढ़ाई जा सकती है। लेकिन ऐसी कोई औषधि नहीं है बल्कि औषधियों के सेवन से अंततोगत्वा काम-शक्ति घट जाती है। सेक्स क्लिनिकों द्वारा विज्ञापित सेक्स-टॉनिकों की असलियत सिर्फ इतनी है कि एक सीमित मात्रा में उनका मनोवैज्ञानिक प्रभाव होता है, यदि पुड़िया में ग्लूकोज़ टेब्लेट बाँध दी जाए और व्यक्ति में उसके प्रति विश्वास जगा दिया जाए तो वह भी उतनी ही लाभकारी सिद्ध होगी।

यह मिथ्या धारणा भी प्रचलित है कि मदिरा सेवन से यौन-क्षमता बढ़ जाती है। कम मात्रा में ली गई मदिरा से एक हद तक चिंता कम जरूर हो जाती है लेकिन प्रायः परस्पर प्रेम के सुर झंकृत नहीं हो पाते; संवेदनशीलता का ह्रास भी होता है। वास्तविकता से नाता टूटने के कारण तरह-तरह के भ्रम भी हो सकते हैं।

ज्यादा मात्रा में ली गई मदिरा शारीरिक क्षमता का ह्रास भी कर सकती है। लंबे समय तक निरंतर सेवन करते रहे मदिरा-रोगियों में दैहिक स्तर पर हुई प्रतिक्रियाओं से पुंसत्वहीनता भी उत्पन्न हो सकती है। दूसरे नशों के साथ भी यही होता है।

अधिकांश लोगों में यह धारणा प्रचलित है कि स्त्री में योनिच्छद (हाइमन) का अभंग होना और प्रथम मिलन के समय योनि से हल्का रक्त-स्राव होना कौमार्य के लिए अनिवार्य है। लेकिन यह भी एक मिथ्या धारणा है। कुछ मामलों में योनिच्छद जन्म से ही अनुपस्थित हो सकता है या खेलकूद, व्यायाम, घुड़सवारी या किसी दुर्घटना के दौरान फट सकता है। ऋतुस्राव

के दिनों में 'टैंपून' लगाते समय भी योनिच्छद फट सकता है। इसलिए प्रथम मिलन के समय स्त्री की योनि से रक्तस्राव होना कतई अनिवार्य नहीं। यह एक गलत धारणा है, जिससे वैवाहिक संबंधों में अकारण ही अविश्वास की दरारें पैदा हो जाती हैं। इस वहम में पड़ने से किसी का भी हित नहीं होता।

स्त्री के पेट तथा नितंबों पर सफेद धारियाँ होने का प्रायः यह अर्थ समझा जाता है कि वह पहले गर्भवती रह चुकी है। यह धारणा भी गलत है। धारियाँ त्वचा के नीचे के ऊतकों में किसी भी कारण खिंचाव आने से पैदा हो सकती हैं। इन्हें 'स्ट्राया स्ट्रोफिका' कहते हैं और ये किशोरावस्था, मोटापे और एड्रिनल ग्रंथि के रोग कुंशिग सिंड्रोम में भी देखी जाती हैं। इनके होने से विचलित नहीं होना चाहिए।

कुछ लोग मानते हैं कि स्त्री के वक्ष पर इक्के-दुक्के बाल उगना किसी हार्मोनल असंतुलन का संकेत है। लेकिन यह धारणा भी भ्रम पर आधारित है। चंद बाल उग आना सामान्य है। पर इनका होना यदि मन को खटके तो इलेक्ट्रोलाइसिस विधि द्वारा उन्हें दूर कराया जा सकता है।

कुछ युवतियाँ मानती हैं कि छोटे स्तन यौन-सुख की प्राप्ति में बाधक हैं। इस कारण वे विचलित रहती हैं। लेकिन यौन-सुख वक्ष-स्पर्श से मिलता है, उसका वक्ष के आकार से कोई संबंध नहीं। हाँ, इस कारण सुंदरता में कमी महसूस होती हो तो 'पैडेड ब्रा' पहनकर उसे दूर किया जा सकता है।

कुछ युवतियाँ यह भी मानती हैं कि मन में कामुक विचारों के उठने से योनि का तरल हो जाना किसी कामरोग का लक्षण है। लेकिन यह एक सामान्य प्रक्रिया है। मस्तिष्क में स्थित सेक्स केंद्र उत्तेजित होने पर मेरु रज्जु और विशेष तंत्रिकाओं से पहुँचे संदेश से श्रोणी अंगों का रक्त-प्रवाह बढ़ जाता है, जिससे योनि-मार्ग तरल हो उठता है। दरअसल, यह कुदरत द्वारा संभोग क्रिया को सुखद बनाने का एक तरीका है, किसी रोग का लक्षण नहीं।

मासिक धर्म के दौरान स्त्री को अस्पर्श्य मान लिया जाता है। उसके साथ समागम की बात तो सोची भी नहीं जाती। लेकिन चिकित्सकीय दृष्टि से इसमें कोई हर्ज नहीं। ऋतु-स्राव न तो अस्वच्छ है और न ही अस्वास्थ्यकर। यदि पति-पत्नी चाहें तो इस काल में प्रणय-मिलन किया जा सकता है। पर व्यक्तिगत स्वच्छता के प्रति सजग रहना आवश्यक है। इन दिनों स्त्री में योनि के संक्रमण की आशंका सामान्य दिनों की तुलना में ज्यादा होती है।

एक आवश्यक प्रश्न यह है कि गर्भावस्था में सहवास किया जाए अथवा नहीं। सामान्य रूप से गर्भावस्था में सहवास की मनाही नहीं है। पर जिन स्त्रियों में स्वतः गर्भ गिरने की समस्या रही हो, उन्हें पहले तीन महीनों में सहवास नहीं करना चाहिए। उनके लिए इस दौरान हस्तमैथुन भी वर्जित है।

गर्भावस्था के आखिरी महीनों में भी कुछ सावधानियाँ

आवश्यक हैं। सहवास के लिए ऐसी मुद्रा व्यवहार में लानी चाहिए कि गर्भ पर दबाव न पड़े।

इस संबंध में एक जरूरी मुद्दा यह है कि प्रसव के बाद सामान्य सेक्स-जीवन में कब लौटा जाए? सबकुछ सामान्य हो तो प्रसव के तीन-चार सप्ताह बाद पुनः सेक्स-जीवन की शुरुआत की जा सकती है।

कुछ लोगों की धारणा है कि वैवाहिक जीवन की सफलता के लिए सहवास के अंतराल का समय कम से कम हो। लेकिन यह व्यक्तिगत मामला है। इसे किसी गणित में नहीं बाँधा जा सकता। सही और स्वीकार्य क्रम वही है, जो पति-पत्नी दोनों को संतुष्ट रख सके। इससे ही वैवाहिक जीवन सुखमय बनता है। यदि पति-पत्नी दोनों की चाहत हो तो अधिक बार की गई रति-क्रीड़ा का स्वास्थ्य पर कोई असर नहीं पड़ता बल्कि उससे प्रेम और गाढ़ा होता है।

एक मिथ्या धारणा वैसेक्टामी (नसबंदी) के बारे में है। कुछ लोग समझते हैं कि नसबंदी के ऑपरेशन के बाद पुरुष सामान्य यौन-सुख का आनंद नहीं ले सकता। लेकिन यह धारणा गलत है। ऑपरेशन का यौन-सामर्थ्य और कामोत्तेजना से कोई संबंध नहीं है। गर्भ ठहरने की आशंका न रहने से प्रणय-मिलन का सुख और बढ़ जाता है।

दांपत्य चिकित्सा

प्रायः देखने में आता है कि शुरू का सामंजस्यपूर्ण वैवाहिक जीवन धीरे-धीरे आपसी कलह का शिकार होने लगता है। बहुत छोटी और महत्वहीन-सी बातों पर शुरू होनेवाली यह कलह एक दिन गंभीर रूप धारण कर लेती है और मधुर वैवाहिक जीवन को नरक बना देती है। अगर पति-पत्नी में आपसी समझदारी हो और वे कलह के कारणों का ईमानदारी से विश्लेषण करके उन्हें दूर करने के लिए प्रयत्नशील हों, तो पारस्परिक संबंधों में तनाव को खत्म किया जा सकता है। लेकिन आम तौर पर ऐसा होता नहीं है। पति-पत्नी के मान-अभिमान किसी भी समझौते को असंभव बना देते हैं। परिणामतः राई का पहाड़ बन जाता है और संबंधों में दूरी बढ़ती जाती है और एक-दूसरे को नीचा दिखाने के लिए मन तरह-तरह की युक्तियाँ सोचने लगता है। इन स्थितियों में संवाद,

संवेदनशीलता और तर्कसंगत वैचारिक क्रिया का ह्रास होने लगता है, हताशाएँ बढ़ने लगती हैं और व्यवहार में प्रतिबिंबित होने लगती हैं। मन चाहता कुछ है, अभिव्यक्त कुछ और करने लगता है। मन की खिन्नता वाणी में अवतरित होने लगती है; साथ ही, एक-दूसरे के बारे में मिथ्या आभास होने लगते हैं। इससे एक चक्रव्यूह-सा बन जाता है और तनाव सघन होता जाता है। नतीजतन आदमी के कामकाज पर भी प्रतिकूल प्रभाव पड़ने लगता है और उसका मन तथा शरीर व्यथित होकर रुग्ण हो उठते हैं।

पति-पत्नी के इस वैमनस्य की गहरी छानबीन करने पर कई तथ्य उजागर होते हैं। पहला यह कि उनका एक-दूसरे के प्रति प्रेम आपसी समझदारी पर आधारित नहीं होता; वे एक-दूसरे को परिपूर्ण मानव मानकर चलते हैं, एक ऐसा मानव नहीं जिसमें अच्छाइयों के साथ-साथ कुछ बुराइयाँ भी होती हैं। नतीजतन जब एक पक्ष के सामने दूसरे पक्ष की कोई कमजोरी उद्घाटित होती है तो पारस्परिक विश्वास की दीवार ढह जाती है। अगर

पति-पत्नी एक-दूसरे की अच्छाइयों के साथ-साथ उसकी कमजोरियों को भी स्वीकार करके चलें तो प्रेम का आधार खिसकने की संभावना नहीं रहती। एक कवि के शब्दों में :

मैं अपनी कमजोरी जाहिर करता हूँ,
तुम हो मेरे यार प्यार कह लेते हो।

आपसी कलह का दूसरा महत्वपूर्ण कारण अधिकार की भावना है। भारतीय विवाह-प्रथा में लड़का और लड़की परिणय-सूत्र में बँधने तक एक-दूसरे से अपरिचित होते हैं। विवाह उन्हें परस्पर परिचित होने का अवसर देता है और यह परिचय ही धीरे-धीरे प्रेम के रूप में प्रस्फुटित होना चाहिए। लेकिन आमतौर पर होता यह है कि अग्नि के सात फेरे लगाते ही वे एक-दूसरे पर अपना अधिकार जताने लगते हैं और यह प्रवृत्ति अधिकांश मामलों में कलह का कारण बन जाती है। प्रेम-विवाहों पर भी यही बात लागू होती है। विवाह से पहले उनके बीच भावोद्रेक होता है, लेकिन विवाह होते ही परस्पर अधिकारों की लड़ाई शुरू हो जाती है। अगर पति-पत्नी यह मान लें कि विवाह हो जाने मात्र से एक-दूसरे का एक-दूसरे पर अधिकार नहीं हो जाता बल्कि इसे पारस्परिक विश्वास के आधार पर धीरे-धीरे अर्जित किया जाता है, तो वैवाहिक जीवन के अनेक तनावों को जड़ से खत्म किया जा सकता है।

उपरोक्त दोनों कारणों के अतिरिक्त बेमेल व्यक्तित्व, जीवन के प्रति दृष्टिकोण में अंतर, बौद्धिक क्षमताओं में अंतर, जीवन-साथी के परिवार से वैमनस्य और खुद को समय के साथ ढाल न पाना भी वैवाहिक जीवन में वैमनस्य और अंतर्विरोध के कारण हैं।

कई विवाहों में समस्या पूर्णतः यौन-असंतोष से संबंधित होती है। अतृप्त मन खिन्नता, आक्रोश और कटुता से भर उठता है, जिससे प्रेम का सेतु कटता जाता है; मन का ज्वार स्पष्ट मुखरित न होकर दमित क्रोध का रूप ले लेता है और असंतुलित, अविवेकी व्यवहार में परिणत होकर दांपत्य संबंधों की हरियाली को सुखा डालता है।

वैवाहिक जीवन के माधुर्य की रक्षा के लिए बेहतर तो यही है कि वैमनस्य के कारणों को ही पैदा न होने दिया जाए। पर यह बहुत आदर्श स्थिति है, जिसे प्राप्त करना हर दंपती के लिए संभव नहीं है। आमतौर पर हर विवाह में उतार-चढ़ाव के क्षण आते-जाते रहते हैं; कभी पतझर आता है, तो कभी वसंत। लेकिन पति-पत्नी में आपसी समझ हो तो हर उतार-चढ़ाव का मुकाबला आसानी से किया जा सकता है। इस आपसी समझ के अभाव में ही मामले उलझते हैं और जब वे बेहद जटिल रूप धारण कर लेते हैं, तो उन्हें सुलझाने के लिए चिकित्सीय सहयोग जरूरी हो जाता है। लेकिन यहाँ यह समझ लेना चाहिए कि मनोचिकित्सक से परामर्श लेना तभी फायदेमंद साबित हो सकता है जब संबंधों में पैदा हुई सारी कटुता और टूटन के बावजूद पति-पत्नी दोनों ही विवाह को कायम रखने के लिए कृतसंकल्प हों।

दांपत्य चिकित्सा का मूल ध्येय पारस्परिक असंतोष, बिखराव और कटुता की चपेट में आए वैवाहिक गठबंधन को भावात्मक तालमेल और प्रेम की राह दिखाना है। एक समय तक

परिवार और जात-बिरादरी के बड़े, परिवार के करीबी मित्र, पारिवारिक चिकित्सक, पादरी, सयाने यह दायित्व बखूबी निभाते थे। पर जैसे-जैसे समय की तेज धार के साथ समय का स्वरूप बदला, परिवार की इकाई सिमटी और दांपत्य संबंधों के समीकरण बदले, यह महसूस किया गया कि वैवाहिक जीवन के माधुर्य की रक्षा के लिए मनोचिकित्सा में वैज्ञानिक ढंग से दांपत्य चिकित्सा की सुविधाएँ मुहैया की जाएँ। दांपत्य चिकित्सा का उद्भव और विकास इसी क्रम की देन है।

चिकित्सक के पास आनेवाले पति-पत्नी प्रायः अपनी मूल समस्याओं की अभिव्यक्ति नहीं कर पाते हैं। उनमें से बहुत से तो अवसाद, तनाव, दुश्चिंता के लक्षणों से राहत पाने के लिए ही मनोचिकित्सकीय परामर्श चाहते हैं : कुछ मनोदैहिक लक्षणों जैसे सिरदर्द, असामान्य थकान आदि से पीड़ित होने के कारण आते हैं, और कुछ मनोवैज्ञानिक उत्पीड़न से यौन असामर्थ्य के शिकार हुए होते हैं। कुछ दंपती इतने त्रस्त होते हैं कि उनका खुद के प्रति दृष्टिकोण नकारात्मक हो जाता है; हीनभावना उनके मन में इतनी गहरी बैठ चुकी होती है कि उन्हें समाज में उठने-बैठने, मिलने-जुलने तक से भीति हो जाती है। कुछ दंपती अपनी वस्तुस्थिति से परिचित भी होते हैं और सीधे, स्पष्ट परामर्श की इच्छा से चिकित्सक के पास आते हैं।

मनोविशेषज्ञ के पास आनेवाले पति-पत्नी प्रायः दोनों ही खुद को अच्छा और दूसरे को बुरा साबित करने की पूरी कोशिश करते हैं। ऐसी स्थिति में लांछन और आरोप कितने सच और कितने झूठ हैं, यह जान पाना आसान नहीं होता। पर मनोवैज्ञानिक तकनीकों द्वारा सही स्थिति की थाह मिल जाती है। इसके लिए मनोविशेषज्ञ तीन तरह की प्रणालियाँ इस्तेमाल करते हैं : (1) प्रश्नावली, (2) पूर्व-निर्धारित क्रम से की गई बातचीत, और (3) अंतर्विरोध की प्रायोगिक स्थितियाँ पैदा करके पति-पत्नी की प्रतिक्रिया का आकलन।

इन तीनों ही प्रणालियों में वैवाहिक जीवन के लगभग सारे महत्वपूर्ण पहलू समाविष्ट रहते हैं। पति-पत्नी के बीच संवाद और

संवेदनशीलता का वास्तविक रूप क्या है, कौन किस प्रकार अपनी शक्ति एवं आक्रामकता दिखाता है, कैसे प्रेम एवं विमुखता अभिव्यक्त करता है, संबंधों में वह खुद को किस रूप में देखता है, जीवन-दृष्टि में दोनों के बीच कहाँ सुखद या असुखद है— इन सबके बारे में स्पष्ट जानकारी प्राप्त करके ही मूल समस्याओं को अनावृत किया जाता है।

मूल समस्याओं के अनावृत हो जाने के बाद उनका स्थायी समाधान पति-पत्नी की विवाह के प्रति निष्ठा, समस्याओं के रूप और दोनों पक्षों के व्यक्तित्व पर निर्भर करता है। अगर पति-पत्नी दोनों रिश्ते को कायम रखने के लिए प्रतिबद्ध हों, तो कोई कारण नहीं कि उनके बीच सामंजस्य स्थापित न हो सके, प्रेम की पुनरावृत्ति न हो पाए। किंतु यदि कोई व्यक्ति बहुत आत्मकेंद्रित हो, शंकालु हो और मानसिक रुग्णता से पीड़ित हो, तो पहले उसके व्यक्तित्व को सुधारना जरूरी होता है; उसके बाद ही वह दांपत्य चिकित्सा के काबिल हो पाता है।

दांपत्य चिकित्सा में उपचार के लिए सैद्धांतिक रूप से ज्यादातर चार तरह की मनोचिकित्सीय प्रणालियाँ अपनाई जाती हैं :

1. मनोविश्लेषणात्मक प्रणाली : इस प्रणाली में मनोविशेषज्ञ किसी एक समय पर पति या पत्नी में से किसी एक पर ध्यान केंद्रित करता है और उसके सुप्त मन में कैद हताशाओं और अंतर्विरोधों का आधार तलाशने के लिए उसके बचपन के अनुभवों का आकलन करता है। इससे मनोविशेषज्ञ उस व्यक्ति को अपने सुप्त मन में उठनेवाले उन विचारों, भावों और इरादों को समझ पाने की अंतर्दृष्टि देता है जो उसके दांपत्य जीवन में अनजाने ही कड़वाहट घोल रहे होते हैं। यह अंतर्दृष्टि उसे अपने संबंध नए सिरे से रचने के लिए प्रेरित कर सकती है।

2. क्लायेंट सैंटर्ड अप्रोच : इस पद्धति में मनोविशेषज्ञ पति-पत्नी को अपनी-अपनी बात और समस्याएँ खुले मन से, बिना किसी संकोच के, कहने का अवसर देता है ताकि वे अपनी संवेदनाएँ, व्यथाएँ सहज भाव से व्यक्त कर सकें। इस दौरान वह सहृदय बनकर एक निष्पक्ष प्रेक्षक के रूप में सम्मिलित रहता है। उसका कर्तव्य यह रहता है कि पति-पत्नी दोनों को सौहार्दपूर्ण वातावरण में एक-दूसरे के सम्मुख खुल सकने का अवसर दे जिससे कि उनके बीच सामंजस्य कायम होने की स्थितियाँ बनें।

3. व्यवहार चिकित्सा : पति-पत्नी के बीच व्यवहार की जो कमियाँ दोनों के बीच काँटे बो रही होती हैं, उन्हें दूर करने के लिए मनोविशेषज्ञ व्यवहार-चिकित्सा की तकनीक अपनाता है। व्यवहार में अपेक्षित परिवर्तन लाने के लिए पुरस्कार और दंड निर्धारित कर दिए जाते हैं। उदाहरण के लिए, अगर पत्नी को हमेशा दोष निकालने की आदत है तो व्यवहार में सुधार लाने के लिए पति को यह सलाह दी जाती है कि अगर पत्नी अपनी यह आदत त्याग दे तो वह उसे बाहर घुमाने ले जाएगा या उसका कोई मनपसंद तोहफा लाकर उसे देगा। इसी तरह अगर पति का देर से घर आना कलह का कारण है तो पति के समय से घर लौटने पर पत्नी उसका मनपसंद खाना बनाएगी। यदि दोनों में

से कोई बिना किसी वाजिब कारण के अपना वादा निभाने में चूक करता है, तो दूसरा उसे इसके लिए 'सजा' भी दे सकता है। इस तरह दोनों के व्यवहार में धीरे-धीरे बेहतर संतुलन और सामंजस्य स्थापित हो जाता है।

4. सिस्टम्स अप्रोच : इसमें विवाह को एक प्रणाली के रूप में देखा जाता है जिसके सुचारु संचालन के लिए हर भाग, हर अंग का संतुलन अपेक्षित होता है। तनाव बढ़ने से यह संतुलन डगमगा जाता है और प्रणाली ठप हो जाती है। अतः मनोविशेषज्ञ नए उत्पन्न होनेवाले तनावों को दूर करके समस्थिति और संतुलन पुनः कायम करने की कोशिश करता हैं।

लेकिन इन मूल सैद्धांतिक चिकित्सा-प्रणालियों के साथ-साथ हर मामले में स्थिति के मुताबिक उपचार को ढाला जाता है ताकि पति-पत्नी के बीच कष्टदायक तत्वों को दूर किया जा सके और बेहतर आपसी समझ तथा परस्पर सकारात्मक दृष्टिकोण विकसित किया जा सके।

दांपत्य चिकित्सा में यह जरूरी नहीं है कि पति-पत्नी दोनों को साथ बिठाकर ही उपचार किया जाए। चिकित्सा प्रदान करने के भी कई तरीके हैं :

1. वैयक्तिक चिकित्सा : इसमें पति या पत्नी में से किसी एक को ही चिकित्सा प्रदान की जाती है, क्योंकि दूसरा पक्ष या तो उसमें शामिल नहीं हो सकता या वह शामिल होना नहीं चाहता। इस एकतरफा स्थिति में वास्तविकता सामने नहीं आ पाती, इसलिए इसमें सफलता की संभावनाएँ कम रहती हैं।

2. क्रमागत चिकित्सा : इसमें पति-पत्नी को क्रमशः अलग-अलग बुलाकर समस्या की सही जानकारी हासिल की जाती है और फिर क्रमागत ढंग से ही चिकित्सा दी जाती है। इस प्रणाली में चिकित्सक चाहे दोनों को अलग-अलग बुलाता है, लेकिन दोनों एक-दूसरे से मिलते भी हैं। उनके मिलने, उनका विश्लेषण करने से पूरी स्थिति का जायजा संभव होता है।

3. समकालिक चिकित्सा : इस पद्धति में पति-पत्नी से समस्या की जानकारी पहले अलग-अलग प्राप्त की जाती है और फिर उन्हें एकसाथ बिठाकर चिकित्सा दी जाती है। इसकी आवश्यकता उन मामलों में पड़ती है जहाँ पति या पत्नी अपने जीवन-साथी के सम्मुख खुलने में असमर्थ होता या होती है।

4. द्वि-मनोविशेषज्ञ चिकित्सा : इसमें दो मनोविशेषज्ञ—एक पुरुष और एक स्त्री—संयुक्त रूप से एक टीम के रूप में दांपत्य चिकित्सा की सुविधाएँ मुहैया करते हैं। पुरुष-मनोवैज्ञानिक पति की चिकित्सा में सहयोग देता है और स्त्री-मनोवैज्ञानिक पत्नी की चिकित्सा में। उसके बाद दोनों मनोविशेषज्ञ मामले पर आपस में विचार-विमर्श कर लेते हैं। इस तरह पति-पत्नी की चिकित्सा समानांतर चलती रहती है। यह विधि उन मामलों में खास तौर से महत्वपूर्ण सिद्ध होती है जहाँ पति-पत्नी दांपत्य जीवन के नाजुक पक्षों पर खुलने में संकोच महसूस करते हैं।

5. संयुक्त चिकित्सा : दांपत्य चिकित्सा में अपनाई जानेवाली यह सबसे ज्यादा प्रचलित विधि है। इसमें पति-पत्नी दोनों एकसाथ बैठकर एक या दो मनोविशेषज्ञों के सहयोग से

अपनी समस्याओं का समाधान तलाशते हैं। यह विधि सर्वाधिक प्रभावशाली है क्योंकि इसमें विशेषज्ञ उनके आपसी संवाद और व्यवहार का सीधा-सीधा और यथार्थ विश्लेषण कर सकता है।

6. ग्रुप थैरेपी : इसमें कई दंपतियों को एकसाथ बिठाकर संयुक्त रूप से समस्याओं का आकलन किया जाता है और सलाह दी जाती है। इससे दंपती को यह अहसास हो जाता है कि उनकी समस्याएँ दूसरों से अलग और उतनी गंभीर नहीं हैं जितनी कि वे मानते थे। दूसरे दंपतियों से उन्हें अपनी समस्याएँ सुलझाने की सीख भी मिलती है और यह भी पता चलता है कि उनकी एक-दूसरे से अपेक्षाएँ यथार्थवादी नहीं थीं। पर ग्रुप थैरेपी के लिए दंपतियों का चयन बहुत सोच-समझकर करना पड़ता है।

आमतौर पर यह देखा गया है कि अगर पति-पत्नी और चिकित्सक आपस में तालमेल बिठा सकें और पूरा समय दे पाएँ तो सफलता की दर 53 से 100 प्रतिशत तक हो सकती है। लेकिन इसके लिए जरूरी है कि हर कोई पूर्वाग्रहों से मुक्त रहकर सफलता के लिए प्रयत्नशील हो।

रतिरोग

विकल वासना के प्रतिनिधि वे
सब मुरझाए चले गए;
आह ! जले अपनी ज्वाला से,
फिर वे जल में गले, गए।

—जयशंकर प्रसाद (कामायनी, चिन्ता सर्ग)

दांपत्य के आनंद-लिप्त सुख में रतिरोग ज्वाला बनकर आता है। आस्था, प्रेम और विश्वास से बीजी गई दांपत्य की खूबसूरत बगिया जलकर राख हो जाने को हो जाती है। मन तरह-तरह के भाव, सवालों और दुविधाओं में तड़पता है और जी नहीं चाहता कि अब साथ निभाया जाए। हालाँकि जब तक कोई सीमाओं का

बारंबार अतिक्रमण न करता रहा हो, क्षमा करने और भूल मान लेने तथा फिर से एक नई शुरुआत करने में ही समझदारी होती है। किसी एक क्षण की मानवीय कमजोरी को तूल देना बेमायने होता है।

बीमारी को लेकर भीतर ही भीतर घुटते रहना किसी काम का नहीं होता। इलाज में देरी, संकोच और नीम-हकीमों, तथाकथित यौन-विशेषज्ञों या दूसरों के कहे में आकर उलट-पुलट नुस्खों की अजमाइश करना रोग की गंभीरता को अनावश्यक बढ़ा देता है जबकि समय से लिया गया इलाज, एड्स को छोड़, ज्यादातर रतिरोगों को कुछ ही दिन में ठीक कर सकता है।

इलाज की कामयाबी के लिए यह बहुत जरूरी होता है कि पति और पत्नी दोनों का एकसाथ इलाज हो; क्योंकि जब तक बीमारी का पता चलता है तब तक बीमारी अक्सर एक से दूसरे में पहुँच चुकी होती है। सिर्फ एक का इलाज होने से दूसरे से बीमारी वापस लौट आती है और इलाज बेकार हो जाता है।

सभी रतिरोग किसी न किसी रोगाणु से होते हैं, जो संसर्ग के समय रुग्ण व्यक्ति से दूसरे व्यक्ति के यौन-अंगों में प्रविष्ट कर जाते हैं। पर इससे रोग तत्काल पैदा नहीं होता। रोगाणुओं को पनपने में समय लगता है। लिहाजा रोग के प्रकट होने में कुछ दिन, हफ्ते, महीने या साल भी बीत सकते हैं। यह मानना कि रोग भगवान के प्रकोप, किसी दुष्टात्मा की छाया, सार्वजनिक शौचालयों के प्रयोग, खाने-पीने के बरतन या दूसरी किसी ऐसी ही चीज के इस्तेमाल, अथवा दूषित पानी या हवा को ग्रहण करने से होता है, बिल्कुल बेबुनियाद और गलत है। ये सभी बातें मनगढ़ंत हैं और सच पर पर्दा डालने की कोशिश-भर हैं।

समाज में इलाज के बारे में भी बहुत से अंधविश्वास व्याप्त हैं। दुर्भाग्यपूर्ण स्थिति यह है कि इनमें से कुछ को संभव बनाने में स्त्री भी उस विकृत मानसिकता की साथिन बन जाती है, जबकि उससे किसी अबला या बाला पर ही अत्याचार होता है। कहना न होगा कि वह इलाज नहीं, वीभत्स और क्रूर, निर्मम दुराचार होता है।

रतिरोगों में प्रमुख विकार हैं—सूजाक (गोनोरिया), आतशक या उपदंश (सिफलिस), रतिज व्रणाम (शैंकरॉयड), लिम्फोग्रेनुलोमा विनीरियम और 1980 के दशक से आया भयावह एड्स।

सूजाक (गोनोरिया)

यौन-संपर्क से फैलनेवाला यह आम रोग 'नीसीरियाई गोनोरी' नामक सूक्ष्मदर्शी बैक्टीरियाई रोगाणुओं से उपजता है। इस रोग की शुरुआत रुग्ण व्यक्ति से सहवास के दो से दस दिन बाद होती है।

पुरुषों में रोग के लक्षण तीव्र होते हैं। मूत्र-नली में सूजन आ जाती है, खुजली हो सकती है, मूत्र त्याग करते समय कठिनाई होती है, पीड़ा होती है और शिश्न से पीब की बूँदें गिरती हुई दिखाई पड़ती हैं। अगर अब भी ध्यान न किया जाए, तो छूत इतनी बढ़ जाती है कि पेशाब का रास्ता बिल्कुल बंद हो जाता है। कुछ समय बाद रोग शरीर के जोड़ों को भी अपने चंगुल में

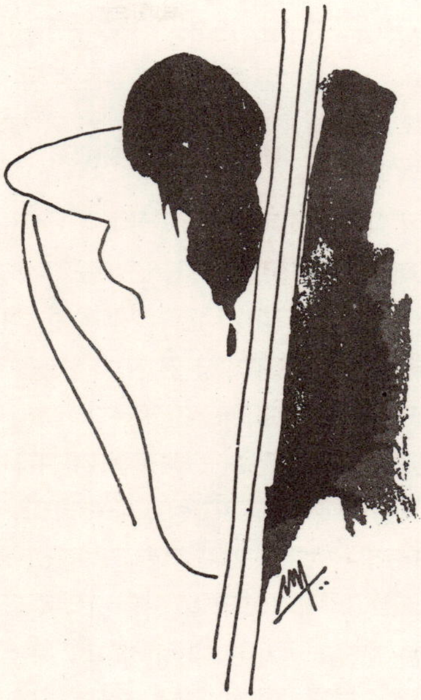

ले सकता है।

स्त्रियों में आमतौर पर रोग के शुरू में कोई लक्षण प्रकट नहीं होता। 80 प्रतिशत मामलों में स्त्री लक्षण-मुक्त रहती है। लेकिन कुछ को पेशाब करते समय दर्द और/या योनि-स्राव की दिक्कत होती है। अगर रोग को बढ़ने का मौका मिल जाए, तो पूरे श्रोणी क्षेत्र में सूजन फैल जाने से मासिक धर्म अनियमित हो जाता है और डिंबवाही नलियाँ रुक जाने से स्त्री बाँझ हो सकती है। पेट के निचले हिस्से में दर्द की शिकायत भी उभर सकती है। सूजन से पीड़ित गर्भवती स्त्री की संतान को प्रसव के समय रोग लगने का अंदेशा रहता है। इससे सबसे ज्यादा खतरा बच्चे की आँखों को होता है। बीमारी हो जाने से वह अन्धा भी हो सकता है। हालाँकि समय से किए गए इलाज से यह संकट आसानी से दूर किया जा सकता है।

सूजाक के इलाज के लिए आज कई प्रभावशाली दवाएँ उपलब्ध हैं। इन्हें किसी प्रशिक्षित चिकित्सक की देखरेख में ही लेना चाहिए। इन दवाओं में पैंसिलीन, एम्पीसिलीन, एरिथ्रोमायसीन,

स्पाइयरामायसीन, केनामायसीन और स्पेक्टीनोमायसीन प्रमुख हैं।

आतशक (सिफलिस)

आतशक एक आम लेकिन खतरनाक रतिरोग है। यह 'ट्रेपोनिमा पैलिडम' रोगाणु से होता है। इसका पहला लक्षण जनन-अंग पर जख्म का उभरना है। यही जख्म शैंकर है, जो छुतहा व्यक्ति के साथ मैथुन करने के प्रायः दो से पाँच हफ्ते बाद दृष्टिगत होता है। यह शैंकर मुँहासे, छाले या खुले घाव की तरह दिखता है। आमतौर से यह पुरुषों और महिलाओं के जनन-अंग पर ही उभरता है, लेकिन कभी-कभी होंठ, उँगलियों, गुदा या मुँह पर भी उभर आ सकता है। शैंकर में यह विशेषता होती है कि वह दर्द नहीं करता और बिना इलाज के भी कुछ दिन में अपने आप ठीक हो जाता है। हालाँकि बीमारी भीतर ही भीतर बढ़ती रहती है।

डेढ़-एक महीने बाद हल्का बुखार, पूरे बदन पर लाल रंग के मुँहासे जैसे छोटे-छोटे दाने, मुँह में छाले, गुदाद्वार के इर्द-गिर्द चपटे दाने और लसीका ग्रंथियों की सूजन जैसे कई लक्षण पाए जा सकते हैं। इस दौर में भी रोगी दूसरों को रोग दे सकता है। मुँह के छाले हों, तो चुंबन से भी बीमारी दूसरे को जा सकती है।

खास बात यह है कि अब भी इलाज न लिया जाए तो लक्षण अपने आप मिट जाते हैं और व्यक्ति यह समझता है कि शायद वह ठीक हो गया है। लेकिन बीमारी अब भी अंदर ही अंदर बढ़ती रहती है। उसके दुष्प्रभाव से हृदय, मस्तिष्क और मेरु-दंड सहित अनेक भीतरी अंग बीमार हो सकते हैं।

आतशक से पीड़ित महिला अपने बच्चों को गर्भावस्था के दौरान बीमारी दे सकती है। इसे ही 'कॉनजेनिटल (जन्मजात) सिफलिस' कहा जाता है।

आतशक का उपचार भी आज आसानी से हो सकता है। पैंसिलीन, टेट्रासाइक्लीन, एरिथ्रोमायसीन जैसी कई ऐंटी बायटिक दवाएँ इसमें कामयाब हैं। हालाँकि पूरे आराम के लिए इलाज तीन हफ्ते या अधिक समय तक जारी रखना होता है।

रतिज व्रणाम (शैंकरायड)

सूजाक और आतशक के बनिस्बत यह एक कम गंभीर रतिरोग है। रोग के लक्षण छुतहा व्यक्ति से संसर्ग के तीन से पाँच दिन बाद दिखने लगते हैं। जनन-अंग पर पहले एक फुंसी-सी होती है, जिससे एक या अधिक छोटे-छोटे जख्म फूट पड़ते हैं। जाँघों पर गाँठें उभर आती हैं, जिनमें मवाद पड़ जाता है।

बतौर इलाज सल्फा दवाएँ, टेट्रासाइक्लीन और स्ट्रेप्टोमायसीन कामयाब हैं। इलाज की मियाद पाँच से सात दिन होती है।

लिम्फोग्रेनुलोमा विनीरियम

छुतहा व्यक्ति से सहवास के एक से तीन हफ्ते बाद होनेवाला यह रतिरोग, देश के दक्षिणी राज्यों में अधिक पाया जाता है। इसमें जाँघों की लसीका गाँठें फूलकर बड़ी हो जाती हैं, उनके ऊपर की त्वचा जामनी-नीली हो जाती है तथा बाद में गाँठें फूट पड़ती हैं और उनसे जगह-जगह से पीब रिसने लगती है। महिलाओं में योनि-द्वार का हिस्सा बुरी तरह सूज सकता है। अगर छूत फैलकर गुदा के क्षेत्र को भी जकड़ ले तो गुदा में सूजन और रुकावट आ सकती है।

समय से इलाज शुरू कर देने से रोग को बढ़ने से रोका जा सकता है। टेट्रासाइक्लीन प्रभावी है। उसे तीन हफ्ते तक लेना होता है।

एड्स

एड्स यानी एक्वायर्ड इम्यूनो डेफिशिएंसी सिन्ड्रोम अब तक की सबसे भयावह बीमारी है। यह खास किस्म के वायरस (एच. आई. वी.) से होती है। इसमें शरीर की कुदरती बचाव प्रणाली नष्ट हो जाती है और नतीजतन छोटे से छोटे छुतहा रोग भी शरीर पर हावी हो जाते हैं। न तो शरीर उनसे लड़ पाता है, न ही कोई दवा असरकारी साबित हो पाती है। मरीज तिल-तिल कर, असहाय होकर मृत्यु का वरण करता है।

यह बीमारी कई तरह से लग सकती है। छुतहा व्यक्ति से सहवास इसके फैलने का बड़ा जरिया है, हालाँकि वायरस दूषित रक्त चढ़ाने, दूषित सुइयों और सिरिंज का इस्तेमाल करने और गर्भवती महिला से संतान को रोग जाना भी आम है।

रतिरोग के तौर पर यह बीमारी आमतौर से उन्हें ही लगती है जो कई लोगों खासतौर से व्यावसायिक यौन-कर्मियों से यौनाचार रखते हैं। उनके जीवन-साथी का यह दुर्भाग्य होता है कि स्वस्थ मर्यादाओं में रहकर भी वह अनजाने में ही रोग से पीड़ित हो जाती है/हो जाता है।

गौरतलब बात यह है कि बीमारी की छूत शरीर में आने के कई वर्ष बाद तक (औसतन साढ़े सात वर्ष तक) कोई लक्षण नहीं दिखते और इस बीच व्यक्ति अनगिनत दूसरे लोगों को यौन-संसर्ग द्वारा बीमारी दे सकता है।

रोग के लक्षण भी बहुत स्पष्ट नहीं होते। बीमारी कई तरह से प्रकट हो सकती है : अचानक बिना किसी प्रत्यक्ष कारण के वजन गिरने लगता है, रह-रहकर बुखार होता है, गाँठें सूज जाती हैं, लगातार पानी-से दस्त होते रहते हैं, शरीर में दर्द रहता है, रात में पसीना छूटता है और मुँह व खाने की नली में सफेद दाग या जख्म बन सकते हैं। छोटी से छोटी छूत भी काबू में नहीं आती।

गौरतलब बात यह है कि ये लक्षण न सिर्फ एड्स बल्कि दूसरी कई बीमारियों के हिस्से भी हो सकते हैं। हाँ, अगर शक हो, तो एड्स के लिए जाँच करा लेने में कोई हर्ज नहीं है।

एड्स अब तक असाध्य रोग है। लेकिन जिस किसी के घर-परिवार में किसी को यह रोग हो जाए, उसे रोगी के साथ पूरी मनुष्यता और सौहार्द का रवैया अपनाना चाहिए।

यह सोच बिल्कुल गलत है कि रोगी से हाथ मिलाने, उसे स्पर्श करने, उसके कपड़ों को छूने या उसके द्वारा इस्तेमाल की गई चीज मसलन टेलीफोन रिसिवर, शौचालय, बरतन वगैरह के इस्तेमाल से एड्स की छूत लग सकती है। एड्स-पीड़ित व्यक्ति के साथ कार, बस, ट्रेन या हवाई जहाज में सफर करने से भी एड्स होने का कोई खतरा नहीं होता।

दांपत्य जीवन में जीवनसाथी का एड्स-पीड़ित हो जाना सचमुच बहुत बड़ी त्रासदी और शायद दुनिया की सबसे कठिन परीक्षा है। इसमें उत्तीर्ण हो पाना बहुत सुलझे हुए व्यक्ति के बस की ही बात है।

जिस गति और बड़े पैमाने पर चिकित्सा-वैज्ञानिक एड्स-शोध में लगे हैं, उससे यह आशा बँधना भी स्वाभाविक है कि निकट भविष्य में ही मानव इस हत्यारे रोग को जीत लेगा।

कैसे पूरी हो बच्चे की चाहत

श्रीनगर, गढ़वाल। वैकुंठ चतुर्दशी का दिन। आज भगवान कमलेश्वर के मंदिर पर सुबह से ही भक्तजनों की भीड़ लगी है। इनमें ज्यादातर वे पति-पत्नी हैं, जिनकी गोद अब तक सूनी है। आज खड़-रात्रि है—संतान की कामना के लिए पति-पत्नी दोनों रात-भर कमलेश्वर के आगे दिया जलाए खड़े रहेंगे। शायद भगवान खुश हो जाएँ और उन्हें माँ और पिता होने का सुख मिल जाए।

अधिकृत सूत्रों के मुताबिक देश में हर सात में से एक दंपती चाहत रखते हुए भी संतान-सुख से वंचित है। विशेषज्ञों का मानना है कि निस्संतान दंपतियों की यह तादाद पहले भी दस फीसदी के करीब रही है। पर हाल के वर्षों में कई कारणों से इसमें वृद्धि हुई है और अब यह तकरीबन पंद्रह फीसदी के आसपास जा पहुँची है। देर से होनेवाले विवाह,

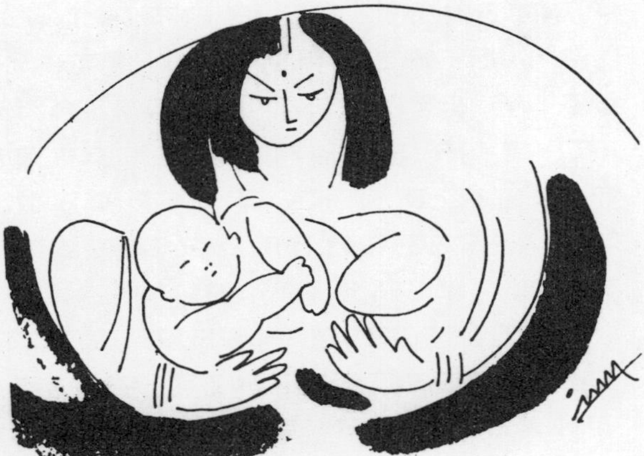

कामकाजी दंपतियों में पहली संतान में इच्छापूर्वक विलंब, गर्भपात की वैधानिक अनुमति और इससे जुड़ी सुविधाओं की सहज उपलब्धता, और इसके साथ समाज में बदलते मूल्यों के साथ विवाह-पूर्व संबंधों की बढ़ती प्रवृत्ति और उनसे पैदा होनेवाले यौन रोग इस समस्या का कारण बन रहे हैं।

उम्र और संतान-धारण करने की क्षमता में सीधा संबंध है। स्त्री में 22-26 की उम्र इसके लिए सबसे बेहतर मानी जाती है। इसके बाद जैसे-जैसे उसकी उम्र बढ़ती है, उसकी गर्भधारण-क्षमता घटती जाती है। इसीलिए ज्यादा उम्र में हुए विवाह और कैरियर बनाने की कोशिश में स्त्रियों द्वारा गर्भधारण देर तक स्थगित करना समस्या की गंभीरता को बढ़ा रह. है। हालाँकि आज के सामाजिक-आर्थिक तेवर उसके सामने कोई दूसरा रास्ता नहीं छोड़ते।

पहला गर्भ गिरवाना भी चिकित्सकीय दृष्टि से ठीक नहीं। विवाह के पहले कुछ दिनों में गर्भ ठहर जाने पर आज बहुत से दंपती गर्भपात करवाने के पक्ष में रहते हैं। उनका यह निर्णय आगे चलकर दिक्कतें पेश

कर सकता है। गर्भपात के दौरान स्त्री के भीतरी जननांगों में हुआ इन्फेक्शन उसे मातृत्व से वंचित कर सकता है।

गर्भधारण क्षमता को बनाए रखने के लिए जरूरी है कि जननांगों के इन्फेक्शन से बचकर रहा जाए। पर यदि संक्रमण हो ही जाए, तो बेहतर यही है कि उसका इलाज तत्काल शुरू कर दिया जाए। इसी तरह जननांगों से जुड़ी हर छोटी-बड़ी जाँच के वक्त या ऑपरेशन होने पर, जब चिकित्सक संक्रमण का खतरा टालने के लिए एंटिबायोटिक्स लेने की सलाह दे, तो उसमें कोताही बरतना ठीक नहीं।

यों गोद सूनी रहने की समस्या इतने तक ही सीमित नहीं है। उसके बहुत से बुझ-अबुझ पहलू हैं। पर विशेषज्ञों का कहना है कि चालीस फीसदी मामलों में समस्या पुरुष से जुड़ी होती है। (सारें ध्यान दें)। तकरीबन इतने ही मामलों में स्त्री की प्रजनन-क्षमता में कोई कमी होती है। दस फीसदी मामलों में मसला दोनों से जुड़ा होता है, और बाकी मामलों में पूरी खोजबीन के बाद भी यह साफ नहीं हो पाता कि गर्भ न धारण होने का क्या कारण है। इन आँकड़ों में अलग-अलग चिकित्सा केंद्रों के बीच कुछ मतभेद है, पर महत्त्वपूर्ण तथ्य यह है कि आम सोच के विपरीत पुरुष भी बंध्यत्व के लिए उतना ही उत्तरदायी है, जितनी कि स्त्री।

खोजकर्ताओं ने पाया है कि सब परिस्थितियाँ अनुकूल होने पर भी स्त्री में हर माह गर्भाधान होने की संभावना दस फीसदी ही रहती है। इसलिए विशेषज्ञों की राय है कि पति-पत्नी यदि एक वर्ष तक बराबर गर्भाधान की कोशिश करने पर भी कामयाब न हों, तभी उन्हें डाक्टरी सलाह के लिए आगे आना चाहिए, उससे पहले नहीं। इस एक वर्ष में यह जरूरी है कि वे बराबर 'मिलते' रहे हों और इस दौरान उन्होंने किसी गर्भनिरोधक विधि को अपनाया न हो।

ऐसी स्थिति में वे अपने पारिवारिक चिकित्सक की सलाह लेकर बाँझपन विशेषज्ञ से मिल सकते हैं। सही विशेषज्ञ का चयन बहुत जरूरी है। देश में बहुत से नीम-हकीम इसके लिए अपने को विज्ञापित करते रहते हैं। पर उनके चक्कर में कतई नहीं पड़ना चाहिए।

विशेषज्ञ के पास जाने से पहले यह जान लें कि सही कारण तलाशने में संभवतया बहुत से जाँच-परीक्षण जरूरी होंगे और उन्हें एक क्रम से

ही किया जा सकता है। अतः उनके लिए कई बार विंशेषज्ञ के पास जाना होगा और कुल जाँच और इलाज में कई महीने लग सकते हैं। इस दौरान हड़बड़ी दिखाने या बार-बार डाक्टर बदलने से कोई लाभ नहीं। विशेषज्ञ से हुई पहली कुछ मुलाकातों में पति-पत्नी दोनों का होना जरूरी है। पर इसके बाद जरूरत के हिसाब से जाया जा सकता है।

कई मामलों में पुरुष जाँच के लिए जाना पसंद नहीं करते। इसका एक मूल कारण यह रहता है कि वे मन ही मन जनन-क्षमता और पुंसत्व में भेद नहीं कर पाते और उन्हें लगता है कि बंध्यत्व की समस्या महज स्त्री से जुड़ी है। पर यह पूर्वाग्रह ठीक नहीं है।

पहली मुलाकात में विशेषज्ञ पति-पत्नी से बातचीत कर समस्या के विविध पहलुओं से परिचित होने की कोशिश करता है।

कई मामलों में समस्या इतनी ही होती है कि पति-पत्नी को यौन-विषयक बुनियादी ज्ञान नहीं होता। कब-कैसे समागम करना चाहिए, इतनी जानकारी दे देन-भर से समस्या का हल हो जाता है।

कुछ मामलों में दंपती यह जानकारी नहीं रखते कि किन दिनों में

किया गया समागम फलदायी हो सकता है। इसके लिए प्रजनन-अंगों की क्रिया-प्रणाली के बारे में बुनियादी जानकारी होना जरूरी है।

यह एक आम जानकारी की बात है कि डिंब और शुक्राणु के मिलन से ही नए जीवन की शुरुआत होती है। डिंब स्त्री से आता है और शुक्राणु पुरुष से।

हर स्त्री में हर माह एक डिंब तैयार होता है। यह क्रिया डिंब-ग्रंथि में संपन्न होती है और इसमें जिस्म के बहुत से हार्मोन आवश्यक भूमिका निभाते हैं। जब डिंब पक जाता है, तो वह डिंब-ग्रंथि से छूटकर डिंबवाही नली (फैलोपीयन ट्यूब) में आ जाता है। जिन स्त्रियों में मासिक चक्र नियमित और 28 दिन का होता है, उनमें डिंब-उत्सर्ग आमतौर से मासिक चक्र के 14वें दिन के आसपास होता है। इसका हिसाब मोटे तौर पर मासिक स्राव शुरू होने के पहले दिन में तेरह दिन और जोड़कर लगाया जा सकता है। पर इसमें दो-एक दिन की घट-बढ़ आम है।

डिंब सिर्फ 24 घंटों के लिए नया जीवन शुरू करने के काबिल रहता है। इसलिए इसी बीच शुक्राणु का उससे मेल जरूरी है। यह मेल आमतौर से डिंबवाही नली में होता है और इसके छह-सात दिन बाद ही संसेचित डिंब गर्भाशय में अपना नीड़ बनाता है।

दूसरी तरफ पुरुष में अंडग्रंथियों में शुक्राणु बनने का सिलसिला बराबर कायम रहता है। इसमें भी हार्मोन जरूरी भूमिका अदा करते हैं। अंड-ग्रंथि से जुड़े अंग-शुक्राशय में वीर्य-रस बनता है। और इसी में शुक्राणु प्रवाह पाते हैं। स्खलन के बाद शुक्राणुओं का जीवन-काल आमतौर से 48-72 घंटे होता है। संतानोत्पत्ति की दृष्टि से समागम फलदायी हो, इसके लिए मासिक चक्र के 11वें-17वें दिन, हर दूसरे दिन मिलन सार्थक है। एक उदाहरण लें। मान लें किसी स्त्री में 8 सितंबर को मासिक धर्म शुरू हुआ। उसमें 19-25 सितंबर का समय गर्भाधान के लिए अनुकूल है।

प्रजननांगों यानी डिंबवाही नलियों, गर्भाशय या डिंब-ग्रंथियों में संक्रमण (इन्फेक्शन) जनित सूजन या विकृतियाँ, क्षय रोग या एंडोमिट्रियोसिस जैसे विकार और डिंब-ग्रंथियों में डिंब-विकास और उत्सर्ग से जुड़ी समस्याएँ स्त्री बाँझपन के प्रमुख कारण हैं।

डिंब-ग्रंथियों का कामकाज कई कारणों से बिगड़ सकता है, पर

ज्यादातर मामले हार्मोनल उतार-चढ़ाव से संबंधित होते हैं। यह हार्मोनल असंतुलन पीयूष, थायरॉयड या एड्रिनल ग्रंथि के विकारों के कारण भी उत्पन्न हो सकता है। ऐसे में मासिक चक्र नियमित नहीं रहता और दूसरी शारीरिक समस्याएँ भी पाई जाती हैं।

रति-रोग जैसे गोनोरिया, दूसरे संक्रामक रोग या क्षय रोग डिंबवाही नलियों के भीतर विकृतियाँ पैदा कर सकते हैं। इससे डिंब और शुक्राणु का मिलन संभव नहीं रह पाता।

एंडोमिट्रियोसिस नामक रोग में भी यह स्थिति बन सकती है।

गर्भाशय में भी किसी किस्म का इन्फेक्शन, रसौली, सिकुड़न या एंडोमिट्रियोसिस बाँझपन का कारण हो सकते हैं। उसमें होनेवाले कुछ जन्मजात विकार भी गर्भाधान में दिक्कत कर सकते हैं।

गर्भाशय ग्रीवा (सरविक्स) की सूजन शुक्राणुओं के रास्ते में दीवार

बन सकती है। कुछ मामलों में इस भाग की श्लेष्मा में शुक्राणुनाशक तत्व भी पहचाने गए हैं।

रक्ताल्पता (अनीमिया), मोटापा, कपलसिव डाइटिंग और दूसरे बहुत से विकास भी स्त्री की प्रजनन-क्षमता को कमजोर बना सकते हैं।

पुरुष में बंध्यत्व का मूल कारण वीर्य में सक्रिय, सामान्य शुक्राणुओं का अभाव है। यह स्थिति कई तरह के विकारों में उत्पन्न हो सकती है। दस से बीस फीसदी मामलों में इसका जुड़ाव हार्मोनल असंतुलन से हो सकता है। एक बड़ी संख्या वेरिकोसील नामक विकार से संबंधित है। इसमें अंडकोश की शिराओं में असामान्य फैलाव आ जाता है, जिससे अंडकोश का तापमान बढ़ जाता है और उस पर खिंचाव पड़ने लगता है। नतीजतन उसमें शुक्राणु बनने की मात्रा घट जाती है। तनाव, थकान, अतिरिक्त धूम्रपान, मदिरा सेवन, नशीली दवाएँ और खराब स्वास्थ्य भी बंध्यत्व उत्पन्न कर सकते हैं। तंग किस्म के आधुनिक जाँघिए भी शुक्राणु-निर्माण पर बुरा असर डालते हैं। उन्हें पहने रहने से अंडकोश का तापमान बढ़ जाता है।

रतिरोग, दुर्घटना में जननांग प्रणाली के किसी हिस्से को लगी चोट, पुरःस्थग्रंथि (प्रॉस्टेट) या अंड-ग्रंथि की सूजन, बचपन में कनफेड़ (मम्पस) के दौरान हुई अंड-ग्रंथीय क्षति या अंड-ग्रंथियों का अपनी जगह न होकर पेट में रह जाना शुक्राणु अभाव के प्रमुख कारण हैं।

पर अंड-ग्रंथियों का कतई काम न करना यां शुक्राणुवाही नली में रुकावट, शुक्राणु संख्या को शून्य कर देती है।

कुछ मामलों में सामान्य संख्या में शुक्राणु होते हुए भी पुरुष बंध्य होता है। इनमें एक आशंका वीर्य में शुक्राणुनाशक तत्वों की उपस्थिति होती है।

जरूरत से ज्यादा शुक्राणु भी सामान्य प्रजनन क्रिया में बाधक बन जाते हैं।

कोई दंपती क्यों संतान-सुख नहीं प्राप्त कर पा रहा, यह जानने के लिए पति-पत्नी दोनों को जाँच-परीक्षणों से गुजरना पड़ता है। पुरुष में किए जानेवाले परीक्षण अपेक्षाकृत सरल हैं और कम खर्चीले भी। इसलिए उससे शुरुआत करना बेहतर रहता है।

सबसे पहली जाँच वीर्य जाँच (सिमन एनालिसिस) है। इसके लिए

अलग-अलग जाँचशाला की अपनी हिदायतें हो सकती हैं। पर मूलतः नमूना देने से पहले कम से कम तीन रोज तक समागम से परहेज रखा जाना चाहिए। नमूना हस्तमैथुन या समागम—किसी भी उपाय से प्राप्त किया जा सकता है, पर इसके लिए कंडोम का प्रयोग वर्जित है। प्राप्त करते ही नमूने को जाँचशाला पहुँचा देना चाहिए। इस बीच नमूनेवाली बोतल के तापमान में उतार-चढ़ाव वांछनीय नहीं।

जाँच के दौरान वीर्य में शुक्राणु संख्या, गतिशीलता (मोटिलिटी) और आकार (मार्फोलॉजी) की विशेष परख की जाती है। यदि इसमें कोई कमी दिखती है, तो पुनः जाँच कराना जरूरी होता है। पर इस दौरान व्यक्ति का स्वास्थ्य सामान्य होना चाहिए (यदि उसे बुखार हुआ हो, तो जाँच को स्थगित कर देना चाहिए)।

इसके बावजूद यदि शुक्राणु संख्या में कमी दिखती है, तो हार्मोनल जाँच करवानी पड़ सकती है। उसके आधार पर आगे अंड-ग्रंथीय (टेस्टीक्यूलर) बायोप्सी की जाती है, जिससे यह साफ हो जाता है कि अंड-ग्रंथि में शुक्राणुओं का निर्माण हो रहा है या नहीं।

यदि मामला शुक्राणुवाही नली में रुकावट का दिखता है, तो वेसिकोग्राफी नामक जाँच से इस भाग के 'रंगीन' एक्स-रे उतारे जाते हैं। शुक्राणुनाशक तत्व का संशय होने पर उसे जाँचनेवाले टेस्ट भी उपलब्ध हैं।

स्त्रियों में जाँच का दौर लंबा होता है। शुरुआत डाक्टरी मुआयने से होती है, जिसमें विशेषज्ञ आम शारीरिक जाँच के साथ जननांगों की भीतरी जाँच करती हैं और थायरॉयड और वक्ष की जाँच भी। उसके साथ ही खून और मेह की जाँच और छाती का एक्स-रे करवाने की सलाह दी जाती है जिससे क्षय रोग, मधुमेह और गुर्दों के मर्ज होने की आशंका को परखा जा सकता है।

इसके बाद डिंब-उत्सर्जन से जुड़ी जाँच शुरू कर दी जाती है। इसके लिए हर सुबह बिस्तर छोड़ने से पहले शरीर का तापमान देखना और उसका रिकार्ड देखना एक आसान तरीका है। इसमें होनेवाले हल्के हेर-फेर को देख विशेषज्ञ यह जान सकता है कि डिंब-उत्सर्ग हो रहा है या नहीं। अल्ट्रासाउंड द्वारा डिंब-ग्रंथि की रोजाना जाँच—फोलीक्यूलर

मॉनीटरिंग—करने पर भी यह जानकारी हासिल की जा सकती है। सरविक्स की श्लेष्मा की परख भी इसका मोटा अंदाजा देने में कारगर है।

फिर मासिक-स्राव से एक-दो रोज पहले गर्भाशय के भीतरी सतही ऊतक की जाँच की जाती है। इसे एंडोमिट्रियल बायोप्सी कहते हैं।

जरूरी होने पर हार्मोनल जाँच की जाती है। साथ ही यह देखने के लिए कि सरविक्स की श्लेष्मा शुक्राणुओं का नाशक तो नहीं, एक खास टेस्ट किया जाता है। संबंधित स्त्री-पुरुष को यह हिदायत दी जाती है कि वे मासिक-चक्र के 12वें, 13वें, या 14वें दिन मिलें और समागम के 4-12 घंटे बाद जाँच के लिए आएँ। तब सरविक्स से श्लेष्मा का नमूना लेकर यह परखा जाता है कि उसमें कितने शुक्राणु जीवित हैं। यह टेस्ट पोस्ट-कोअटल टेस्ट कहलाता है।

फिर डिंबवाही नलियों और गर्भाशय का हाल जानने के लिए भीतर दवा डालकर एक्स-रे उतारे जाते हैं। यह जाँच एच. एस. जी. (हिस्टिरो-सेलपिंगोग्राफी) के नाम से जानी जाती है और इसे मासिक चक्र के छटे से दसवें दिन किया जाता है।

डिंब-ग्रंथियों, डिंबवाही नलियों और गर्भाशय की परख के लिए लेपरोस्कोप (एक ट्यूबनुमा उपकरण) भी खासा उपयोगी साधन है।

हाल में कुछ नए टेस्ट भी विकसित हुए हैं, जो हार्मोनल स्तर को परखने में सरल-सुगम हैं। शुक्राणुनाशक तत्वों को पहचानने के लिए भी बेहतर तरीके आज उपलब्ध हैं।

बंध्यत्व में उपचार कितना असरदायक होगा, यह बहुत कुछ समस्या के कारण पर निर्भर करता है। कुछ मामलों में प्रजनन-क्रिया से जुड़ा व्यावहारिक ज्ञान मिल जाने से ही मसला हल हो जाता है। कुछ में छोटी-छोटी हिदायतें जैसे पुरुष द्वारा तंग जाँघिए का त्याग, थकान-तनाव से मुक्ति सार्थक सिद्ध हो सकती हैं।

पर 10-20 फीसदी मामलों में हर कोशिश के बावजूद गर्भ न ठहरने का कोई कारण नहीं मिल पाता। इनमें हर टेस्ट की रिपोर्ट बिल्कुल सामान्य होती है, किंतु गर्भ नहीं ठहरता। इन मामलों में कोई इलाज संभव नहीं। पर इनमें भी आगे चलकर 5 फीसदी मामले खुद सुलझ जाते हैं। जिन मामलों में कारण साफ होता है, उनमें उसके मुताबिक इलाज की कोशिश

की जाती है।

जब समस्या हार्मोनल असंतुलन से संबंधित होती है और डिंब-उत्सर्ग सुचारु ढंग से नहीं हो रहा होता, तो उपयुक्त दवाओं (जैसे क्लोमिड, परगानोल, ब्रोमोक्रिपटीन) के जरिए 80 फीसदी तक मामलों में कामयाबी हासिल की जा सकती है। एक विकार में डिंब-ग्रंथि में की गई सूक्ष्म-सर्जरी स्थिति को एकाएक बदल सकती है और डिंब-विकास तथा उत्सर्ग सामान्य रूप से होने लगते हैं।

डिंबवाही नलियों के दाग, विकृतियाँ या सिकुड़न, गर्भाशय की रसौली और जन्मजात विकार और एंडोमिट्रियोसिस के रुग्ण ऊतक से निजात पाने के लिए सूक्ष्म शल्यविधियाँ अत्यंत सार्थक सिद्ध हो रही हैं। पर रुग्ण डिंबवाही नलियों में ट्यूबोप्लास्टी करने पर भी तकरीबन एक-तिहाई मरीज ही गर्भधारण कर पाती हैं।

सरविक्स की सूजन—सरविसाइटिस—में इलाज मुश्किल नहीं। पर उसकी श्लेष्मा में यदि शुक्राणुनाशक तत्व (स्पर्म एंटीबाडी) हों, तो छह महीनों तक समागम के दौरान कंडोम इस्तेमाल करते रहना आवश्यक होता है। प्रायः इससे ही समस्या का समाधान हो जाता है।

पुरुषों में उपचार के तरीकों पर हाल के वर्षों में ही ज्यादा काम हुआ है। शुक्राणु संख्या की कमीवाले कुछ मामलों में क्लोमिड और परगोनाल जैसी औषधियाँ कामयाब भूमिका निभा रही हैं।

पुरुष सेक्स हार्मोन-टेस्टोस्टरोन भी कुछ मामलों में सार्थक भूमिका अदा कर रहा है। उसके दिए जाने से पहले चाहे शुक्राणु उत्पादन रुक जाता है, पर बाद में उसमें तेज वृद्धि आ जाती है।

रोगाणुरोधक दवाएँ (एंटिबायोटिक्स) भी कुछ मामलों में इन्फेक्शन दूर कर शुक्राणु संख्या में इजाफा लाने में सफल हैं।

नई सूक्ष्म शल्यविधियों द्वारा रुग्ण शुक्राणुवाही नलियों की पुनर्रचना भी संभव होती जा रही है।

अंडकोशीय शिराओं के फैलाव के मामलों में भी ऑपरेशन द्वारा फूली हुई शिराओं को बाँधकर समस्या का हल संभव है।

लेकिन जिन संतानहीन दंपतियों को इलाज के उपरोक्त उपायों से भी संतान-सुख नहीं मिल पाता, उनके लिए निजात के कुछ दूसरे रास्ते

भी हैं

जिन मामलों में स्त्री संतानोत्पत्ति के काबिल होती है लेकिन पति का वीर्य या तो कमजोर होता है या अक्षम, उनमें कृत्रिम गर्भाधान विधि अपनाई जा सकती है।

इसके दो तरीके हैं। पहला, जिसमें पति का वीर्य लेकर, कृत्रिम तरीके से उसे परिष्कृत कर, स्त्री का गर्भ ठहराने की कोशिश की जाती है। यह तरीका उन मामलों में काम आता है जिनमें या तो पुरुष के वीर्य में शुक्राणुओं की संख्या सामान्य से कम होती है या उसके वीर्य में शुक्राणुनाशक तत्व (स्पर्म एंटीबॉडी) होते हैं अथवा स्त्री के सरविक्स की परिस्थितियाँ शुक्राणुओं के लिए प्रतिकूल होती हैं या फिर किन्हीं कारणों से पति-पत्नी के बीच प्राकृत मैथुन संभव नहीं हो।

लेकिन जिन मामलों में वीर्य में शुक्राणुओं की तादाद बहुत कम होती है, उनमें यह तरीका कम ही कामयाब हो पाता है। ऐसे मामलों में बेहतर कामयाबी हासिल करने के लिए वीर्य का पहला हिस्सा छँटनी करके इस्तेमाल किया जाता है।

इस विधि में डिंब-उत्सर्ग (औव्यलेशन) के संभावित दिनों में, दो दिन के अंतर पर, दो बार गर्भाधान की कोशिश की जाती है। पति से वीर्य प्राप्त करने के लिए उसे सलाह दी जाती है कि वह हस्तमैथुन द्वारा वीर्य अर्जित करे। उस वीर्य को फिर सिरिंज में भरकर जरूरत के हिसाब से योनि अथवा गर्भाशय में इंजेक्ट कर दिया जाता है।

जहाँ तक इस विधि में सफलता की दर का सवाल है, वह अलग-अलग मामलों में अलग-अलग रहती है। जिन मामलों में वीर्य बहुत कमजोर होता है, उनमें कम सफलता मिलती है। पर जहाँ मामला स्पर्म एंटीबॉडी का होता है वहाँ 50 प्रतिशत तक सफलता मिल जाती है। यह अवश्य है कि इसके लिए धैर्य बनाए रखना पड़ता है। कई बार, आठ-दस मासिक चक्र तक भी इंतजार करना पड़ जाता है।

दूसरे तरीके में शुक्राणु किसी पर-पुरुष से प्राप्त किए जाते हैं। यही 'डोनर आर्टिफिशियल इनसेमिनेशन' है। यह विधि पुरुष-बंध्यत्व के उन मामलों में अपनाई जाती है, जिनमें पुरुष की समस्या लाइलाज होती है, और स्त्री की प्रजनन-क्षमता सामान्य होती है, किंतु संतानेच्छा दोनों की बहुत तीव्र होती है। ऐसे पति-पत्नी मानसिक तौर पर इस बात

के लिए पूरी तरह तैयार होते हैं कि किसी दूसरे के वीर्य से गर्भ ठहराने की कोशिश हो।

लेकिन इस कोशिश से पहले जरूरी है कि विधि के बारे में पति-पत्नी विस्तृत जानकारी प्राप्त करें और इसके सभी पहलुओं पर गंभीरता से सोच-विचार कर लें। दोनों की सहमति होने पर ही इसे आजमाना उचित है।

हर मामले में गर्भाधान की कोशिश से पहले पति-पत्नी दोनों की मनोवैज्ञानिक काउंसलिंग करके यह परखा जाता है कि वे इसके लिए योग्य हैं या नहीं। इसके बारे में निश्चित हो जाने पर ही आगे कदम उठाया जाता है। इस बात का भी खास ध्यान रखा जाता है कि मामले की गोपनीयता पूरी तरह बनी रहे : वीर्यदाता और वीर्य को ग्रहण करनेवाली स्त्री के बीच कोई संपर्क न हो और दोनों एक-दूसरे से अनजान बने रहें ताकि आगे चलकर किसी तरह की कानूनी अथवा नैतिक पेचीदगियाँ पैदा न हों।

इधर के कुछ वर्षों में स्पर्म बैंक का प्रचलन भी बढ़ा है। इन बैंकों में दाता से वीर्य लेने से पहले दाता की पूरी डाक्टरी जाँच की जाती है और यह देखा जाता है कि उसे कोई संक्रामक रोग न हो। एड्स के आने के बाद यह एहतियात बेहद जरूरी हो गया है। इस तरीके से सफल गर्भाधान का प्रतिशत 50-80 आँका गया है। लेकिन सफलता प्राप्त करने में समय लग सकता है। अगर 18 मासिक चक्रों में कामयाबी नहीं मिले, तो फिर कोशिश करते रहना प्रायः बेकार होता है।

पिछले दशकों में मची तकनीकी धूम निस्संतान दंपतियों के लिए भी आशा की नई किरण बनकर आई है। इस दौरान ऐसे कई तरीके विकसित किए गए हैं जिनसे संतानहीन दंपती संतान-सुख प्राप्त कर सकते हैं।

25 जुलाई 1978 चिकित्सा-जगत में एक स्मरणीय दिन बना रहेगा। इस दिन इंग्लैंड में प्रथम परखनली शिशु (टेस्टट्यूब बेबी) लुइसा ब्राउन का जन्म हुआ था। पूरी दुनिया के अखबारों में यह खबर सुर्खियों में छपी थी और निस्संतान दंपतियों के लिए उम्मीद की एक नई किरण जाग उठी थी। विश्व का दूसरा परखनली शिशु भारत की महानगरी

कलकत्ता में जन्मी दुर्गा थी। उसके बाद और कई देशों में यह कामयाबी दोहराई जा चुकी है।

परखनली शिशु वह तकनीक है जिसमें डिंब और शुक्राणु का मिलन प्रयोगशाला में कृत्रिम तरीके से कराया जाता है। इसमें बने भ्रूण को अगले 48 घंटों तक तश्तरी में सेहा जाता है और फिर उसे योनि-मार्ग से स्त्री के गर्भाशय में पहुँचा दिया जाता है। आगे कोशिश यही रहती है कि वह भ्रूण सामान्य ढंग से गर्भाशय में बढ़ता रहे और गर्भावस्था के नौ महीनों से गुजरकर उस दंपती के जीवन में संतान-सुख की कमी पूरी कर दे। लेकिन यह तकनीक उन्हीं स्त्रियों में उपयोगी हो सकती है, जिनमें डिंबवाही नलियाँ रोग से इतनी विकृत हो चुकी होती हैं कि ऑपरेशन द्वारा भी उनका इलाज संभव नहीं होता या जिनमें सुधार-ऑपरेशन नाकामयाब हो जाता है। ऐसी स्त्रियों में गर्भाधान का यही एकमात्र उपाय बच रहता है। (प्राकृतिक गर्भाधान आमतौर से डिंबवाही नली में ही संपन्न होता है।)

कुछ ऐसे मामलों में भी यह तकनीक अपनाई जाती है, जहाँ पूरी जाँच-पड़ताल के बाद भी गर्भ न ठहरने का सही कारण ज्ञात नहीं हो पाता। वीर्य में शुक्राणुओं की मात्रा कम होने पर भी इसे आजमाया जा सकता है।

इस तकनीक में डिंब हासिल करने के लिए पहले स्त्री को ऐसी दवाएँ दी जाती हैं, जो डिंब-ग्रंथि में (कुछ) डिंबों को पकाकर तैयार करती हैं। यह पूरी क्रिया अल्ट्रासाउंड जाँच के जरिए मॉनिटर की जाती है। जब डिंब तैयार हो जाते हैं तो उन्हें एक छोटे-से ऑपरेशन के जरिए भीतर नली डालकर बाहर खींच लिया जाता है। इसके साथ ही पुरुष से शुक्राणु प्राप्त कर लिए जाते हैं। (कुछ प्रयोगशालाओं में उन्हें पहले से हासिल कर फ्रिज कर लिया जाता है), फिर उपयुक्त मीडिया में डिंब लेकर उसका मिलन शुक्राणु से करा दिया जाता है।

लेकिन यह तकनीक हर मामले में कामयाब नहीं हो पाती। तीन से चार मासिक चक्रों की दर लें, तो गर्भधारण की सफलता-दर 20-25 प्रतिशत रहती है। पर इनमें से भी कुछ मामलों में गर्भ पूरे नौ मास नहीं ठहर पाता। इसलिए कुल सफलता-दर 20-25 प्रतिशत से कुछ कम ही

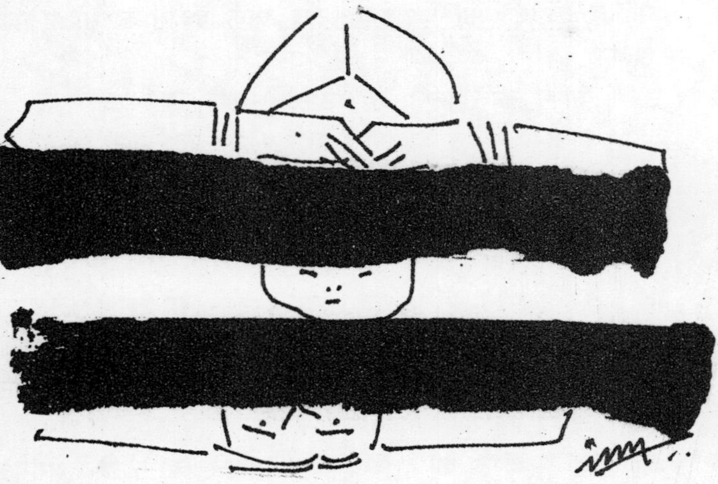

होती है। इस तकनीक के ज्यादा लोकप्रिय न हो सकने का यह एक बड़ा कारण है। दूसरे, इस तकनीक पर खर्च भी बहुत आता है, और यह सुविधा सीमित चिकित्सा-केंद्रों में ही उपलब्ध है, जिसके फलस्वरूप दंपती को लंबे समय तक घर से दूर भी रहना पड़ सकता है। पर इस सबके बावज़ूद यह तकनीक बहुत-से निस्संतान दंपतियों को संतान-सुख देने में सफल हुई है।

संतानहीनता के इलाज की एक और नई तकनीक 'गिफ्ट' है। इसका पूरा नाम है—गेमिट इंटर फैलोपियन ट्रांसफर। इसमें डिंब और शुक्राणुओं को प्राप्त कर डिंबवाही नली में छोड़ दिया जाता है, जिससे कुछ मामलों में गर्भाधान संभव हो जाता है।

'गिफ्ट' का उपयोग बंध्यत्व के उन मामलों में किया जाता है, जिनमें गर्भ न ठहरने का कारण ज्ञात नहीं हो पाता, सरविक्स का परिवेश शुक्राणु के प्रतिकूल होता है या वीर्य में शुक्राणुओं की मात्रा सामान्य से कम होती है।

इस तकनीक में भी डिंब और शुक्राणु ठीक वैसे ही प्राप्त किए

जाते हैं जैसे परखनली तकनीक में, लेकिन यह तकनीक उतनी खर्चीली नहीं है, क्योंकि इसमें भ्रूण रचना और उसके विकास का झमेला नहीं होता।

'गिफ्ट' की सफलता-दर लगभग 25 प्रतिशत है।

हाल के वर्षों में पश्चिमी देशों में सरोगेट मदर्स यानी किराए की कोख के मामले खासा विवाद पैदा करते रहे हैं। यह प्रयोग ऐसे मामलों में किया जाता है जिनमें पुरुष तो संतानोत्पत्ति के योग्य होता है, पर स्त्री की प्रजनन-क्षमता सामान्य नहीं बनाई जा सकती। ऐसे दंपतियों को संतान-सुख देने के लिए कुछ स्त्रियों ने 'गर्भ-सेवा' शुरू कर दी। इस सेवा में निस्संतान दंपती और ऐसी एक स्त्री (जो सामान्य हो) के बीच करारनामा हो जाता है और संबंधित पुरुष के वीर्य से कृत्रिम गर्भाधान द्वारा स्त्री का गर्भ ठहरा दिया जाता है। फिर शिशु का जन्म होने पर, वह शिशु उस दंपती को दे दिया जाता है। इस सेवा के लिए सरोगेट मदर्स उर्फ किराए की माँ उस दंपती से एक मोटी फीस वसूल करती है।

कई देशों ने इस सेवा को अनैतिक मानकर इस पर प्रतिबंध लगा दिया है। इसे देखते हुए ही अब डिंब और भ्रूण-ट्रांसफर जैसी तकनीकें जोर पकड़ रही हैं।

डिंब-ट्रांसफर तकनीक में किसी पर-स्त्री से डिंब और निस्संतान स्त्री के पति से शुक्राणु लिए जाते हैं। फिर उन्हें निस्संतान स्त्री की डिंबवाही नली में छोड़ दिया जाता है ताकि डिंब और शुक्राणु के मिलन से वह गर्भवती हो सके।

जिन निस्संतान स्त्रियों में यह भी संभव नहीं हो पाता, उनमें भ्रूण-ट्रांसफर तकनीक अपनाई जाती है। पर-स्त्री के डिंब और पति के शुक्राणुओं को परखनली में मेल कराकर भ्रूण की रचना की जाती है और उसे निस्संतान स्त्री की कोख में रोपित कर दिया जाता है।

उपरोक्त दोनों ही तकनीकों में डिंब का योगदान न करते हुए भी निस्संतान स्त्री को गर्भावस्था का मधुर एहसास भी होता है और मातृ-सुख भी मिलता है।

लेकिन इस तकनीकी युग में भी बाँझपन से उबरने का एक और सहज तथा मानवीय रास्ता है किसी प्यारे-से बच्चे को गोद ले लेना और

उसे अपना लाड़ला बना लेना। इससे आपका सूना जीवन शिशु की किलकारियों से चहक उठेगा और उसे दिन-ब-दिन बढ़ते देखने के सुख का तो कहना ही क्या! कविवर जयशंकर प्रसाद ने अपने महाकाव्य *कामायनी* की निम्नांकित पंक्तियों में इसी सुख का चित्रण किया है :

'माँ'—फिर एक किलक दूरागत, गूँज उठी कुटिया सूनी,
माँ उठ दौड़ी भरे हृदय में लेकर उत्कंठा दूनी,
लुटरी खुली अलक रज-धूसर बाँहें आकर लिपट गईं,
निशा-तापसी की जलने को धधक उठी बुझती धूनी।

आपका वैवाहिक जीवन : कितना मधुर, कितना भरा-पूरा ?

आपका वैवाहिक जीवन कितना मधुर, कितना भरापूरा है—इसका यदि आप आकलन करना चाहें, तो आप पति-पत्नी दोनों इस साइकोलॉजिकल टेस्ट का सहारा ले सकते हैं। दांपत्य जीवन के खास-खास पहलुओं को समेटकर सुविख्यात मनोवैज्ञानिकों द्वारा रचा गया यह टेस्ट आपको अपने वैवाहिक जीवन के सुमधुर पक्षों की संपन्नता और कमजोरियों से परिचित होने का अवसर देता है। टेस्ट में दिए गए हर वाक्य को धैर्यपूर्वक पढ़ें और अपनी भावनाओं-व्यवहार को तोलते हुए ईमानदारी से अपनी प्रतिक्रिया भरें। इसके लिए आप पति-पत्नी दोनों अलग-अलग यह टेस्ट लें। बेहतर होगा कि कागज पेंसिल ले लें और उस पर एक से तीस

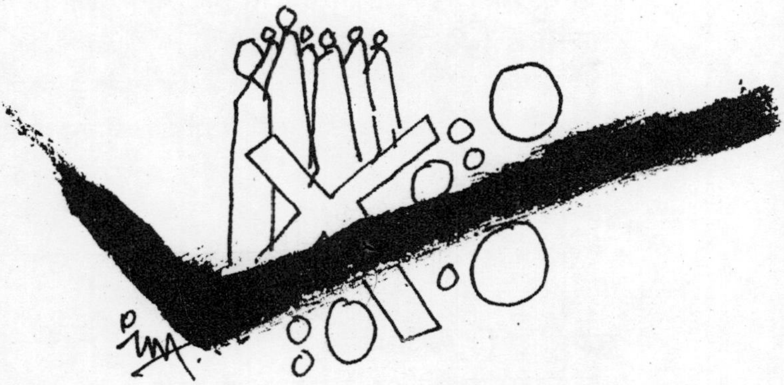

की संख्या अंकित कर लें। उसके बाद एक-एक वाक्य पढ़ें, उस पर गंभीरता से सोचें कि वह आप पर कितना लागू होता है/नहीं होता है और उसके मुताबिक अपनी प्रतिक्रिया कागज पर दर्ज करती/करते जाएँ। यदि आप उस वाक्य से सहमत हैं, तो उसकी क्रम संख्या के आगे सही का निशान लगा दें और यदि असहमत हैं तो काटे का। कुछ वाक्यों में रिक्त स्थान भी हैं, जिन्हें आपको पूरा करना है। जब टेस्ट पूरा हो जाए तो अपनी प्रतिक्रियाओं को टेस्ट के एकदम बाद दिए गए विश्लेषण के आधार पर तोल लें।

तो, शुरू करें :

1. जब-जब हम दोनों का एक-दूसरे से कुछ दिन के लिए अलग रहना होता है, मुझे अपने जीवनसाथी की कमी बहुत सताती है, पर जैसे ही हम फिर मिल जाते हैं तो मैं सोचता/सोचती हूँ कि क्यों मैं उसके न होने से इतना अधीर था/थी।

/सहमत हूँ (✓) /असहमत हूँ (✗)

2. मैंने कभी अपने जीवनसाथी से झूठ नहीं बोला।

/सहमत हूँ (✓) /असहमत हूँ (✕)

3. मैं प्रायः यह सोचा करता/करती हूँ कि यदि मैं किसी और से विवाह करता/करती तो मेरा वैवाहिक जीवन कहीं अधिक सुखद होता।

/सहमत हूँ (✓) /असहमत हूँ (✕)

4. जब कोई व्यक्ति मेरे जीवनसाथी का बेजा फायदा उठाता है, तो मेरा खून खौल जाता है।

/सहमत हूँ (✓) /असहमत हूँ (✕)

5. मेरा जीवनसाथी मुझसे बेहतर माँ/पिता है।

/सहमत हूँ (✓) /असहमत हूँ (✕)

6. जब अकेले हम दोनों कहीं एकसाथ बाहर जाते हैं और एकांत में बैठे होते हैं, तो हमें एक-दूसरे से संवाद कायम रखने में खासी कठिनाई महसूस होती है—लगता है जैसे कुछ कहने-सुनने के लिए है ही नहीं।

/सहमत हूँ (✓) /असहमत हूँ (✕)

7. हमारे बीच कभी कोई झगड़ा, विवाद या मतभेद नहीं होते हैं।

/सहमत हूँ (✓) /असहमत हूँ (✕)

8. अपनी व्यक्तिगत या कामकाज से जुड़ी समस्याओं को मैं अपने तक सीमित रखता/रखती हूँ। उन्हें अपने जीवनसाथी को बताने में मुझे इसलिए संकोच रहता है कि इससे उस पर अनावश्यक भार पड़ेगा।

/सहमत हूँ (✓) /असहमत हूँ (✕)

9. मुझे लगता है कि मैं सौभाग्यशाली हूँ जो मेरी/मेरे जीवनसाथी ने मुझे चुना, इसलिए कि वह मुझसे कहीं अधिक प्रतिभाशाली है।

/सहमत हूँ (✓) /असहमत हूँ (✕)

10. हम एक-दूसरे से कोई बात छिपाते नहीं।

/सहमत हूँ (✓) /असहमत हूँ (✕)

11. जब मेरी/मेरा जीवनसाथी किसी चीज के बारे में बहुत परेशान होती/होता है, तो मेरी सलाह उसकी उलझन हल करने में काम आती है।

/सहमत हूँ (✓) /असहमत हूँ (✗)

12. तीन गतिविधियाँ जो मैं अपने जीवनसाथी के साथ करना पसंद करता/करती हूँ ··· और ···।

13. आज से दस साल बाद मेरा उसके साथ जीवन कैसा होगा, इसकी कल्पना कर पाना मेरे लिए संभव नहीं है।

/सहमत हूँ (✓) /असहमत हूँ (✗)

14. मेरे लिए बच्चों को उनकी माँ (अपनी पत्नी)/उनके पिता (अपने पति) के अनुचित व्यवहार से बचाना जरूरी होता है।

/यह सच है (✓) /यह सच नहीं है (✗)

15. प्रेमालाप के समय मुझे क्या सुखद लगता है, इसके बारे में अपनी पत्नी/अपने पति से कुछ कहना मुझे अच्छा नहीं लगता, इससे सारा रोमांस खत्म हो जाता है।

/सहमत हूँ (✓) / सहमत नहीं (✗)

16. पति और पत्नी को जहाँ तक संभव हो, एक भी रात अलग-अलग नहीं काटनी चाहिए।

/सहमत हूँ (✓) / सहमत नहीं (✗)

17. हम आपस में बहुत कम लड़ते हैं, पर जब कभी लड़ाई होती है तो कई दिनों तक कड़वाहट रहती है।

/यह सच है (✓) /सच नहीं (✗)

18. मैं अपनी पत्नी/अपने पति के आगे कभी अपनी गलतियों का जिक्र नहीं करता/करती। इसमें मुझे शर्मिंदगी महसूस होती है।

/यह सच है (✓) /सच नहीं (✗)

19. मेरी पत्नी/मेरे पति के लिए उसकी नौकरी/बच्चे ज्यादा महत्वपूर्ण हैं।

/यह सच है (✓) /सच नहीं (मुझसे महत्वपूर्ण कोई नहीं) (✗)

20. हमारी लड़ाई अक्सर किसी छोटे से मसले से शुरू होती है; जैसे हममें से किसी एक के देरी से लौटने से या पत्नी द्वारा मनपसंद खाना न बनाने से, पर वह तब तक बढ़ती जाती है जब तक हमारे भीतर का गुबार बरस नहीं पड़ता।

/यह सच है (✓) /सच नहीं (✗)

21. मेरी पत्नी/मेरे पति की तीन सबसे प्रमुख चिंताएँ हैं : —,— और —। और मेरी तीन प्रमुख चिंताएँ हैं : —, — और —।

22. मैं पहले से ही जानता/जानती हूँ कि ज्यादातर चीजों के बारे में मेरी पत्नी/मेरे पति क्या कहनेवाली/वाले हैं। यहाँ तक कि मैं उसका वाक्य भी पूरा कर सकता/सकती हूँ।

/सहमत हूँ (✓) /असहमत हूँ (✗)

23. मुझे अपनी पत्नी/अपने पति के बिना किसी पार्टी में जाना रमता नहीं।

/यह सच है (✓) /नहीं, ऐसी तो कोई बात नहीं (✗)

24. मैं अपनी पत्नी/अपने पति के साथ रहकर कुछ न करना ज्यादा पसंद करूँगा/करूँगी बनिस्बत इसके कि कहीं अकेले किसी रुचिकर गतिविधि में लगा/लगी रहूँ।

/सहमत हूँ (✓) /नहीं, कुछ न करने से तो बेहतर है कि किसी रुचिकर क्रिया में लगा/लगी रहूँ/चाहे अकेले ही सही (✗)

25. मैंने कभी सपने में भी इसकी कल्पना नहीं की कि किसी दूसरे के साथ प्रणय-सुख पाऊँ।

/सच है (✓) /नहीं (✗)

26. मेरे विचार से एक बार भी पत्नी/पति के यौन-विश्वासघात से वैवाहिक गठबंधन कायम रख पाना मुमकिन नहीं।

/सही है (✓) /नहीं, यदि भूले को उसकी भूल का एहसास हो जाए, तो रिश्ता कायम रखा जा सकता है (✗)

27. हम दोनों ने आपस में अपनी-अपनी जिम्मेदारियाँ तय की हुई हैं और अच्छाई इसी में रहती है कि हम दोनों उनका निर्वाह करते रहें, न कि इसमें कि एक-दूसरे की जिम्मेदारियाँ भी साथ-साथ निभाने की कोशिश करें।

/सच है, इससे मतभेद नहीं होते (✓) /नहीं, मैं इससे सहमत नहीं (✗)

28. जब मेरी पत्नी/पति कोई ऐसी छोटी-मोटी चीज करती/करते हैं जिससे मुझे नाखुशी होती है तो प्रायः चुप रहता/रहती हूँ ताकि उसकी/उनकी भावनाओं को ठेस न लगे।

/सहमत हूँ (✓) /नहीं, ऐसा मैं तो नहीं करता/करती (✗)

29. मैं अपने वैवाहिक जीवन के भविष्य को लेकर प्रायः सुखद कल्पनाओं में खो जाता/जाती हूँ— कब हम माता-पिता बनेंगे, कब हमारे बच्चे बड़े होकर स्कूल जाएँगे, कब वे और बड़े होकर हमें गौरव देंगे।

/सच है (✓) /नहीं (✗)

30. मुझे ऐसा कभी महसूस नहीं हुआ कि अपने जीवनसाथी के चयन में मैंने कोई गलती की है।

/हाँ (✓) /नहीं (✗)

तो क्या आपके जवाब पूरे हो गए?

हाँ ?

तब आइए उनका विश्लेषण करें :

सहूलियत के लिए हम उन्हें क्रम संख्या के मुताबिक न लेकर, वैवाहिक जीवन के अलग-अलग पहलुओं के अंतर्गत विश्लेषित करेंगे।

आपके बीच संवाद

क्रम संख्या 2, 7, 8, 10, 15, 17, 18, 20, 21, और 28 के कथन आप दोनों के बीच आपसी संवाद को अभिव्यक्त करते हैं—

आपके बीच भावनाओं और विचारों को लेकर कितनी सहभागिता है, इसका अनुमान आप अपनी प्रतिक्रियाओं से लगा सकते हैं। यदि कथन संख्या 8, 15, 17, 18, 20, और 28 में से किसी एक या ज्यादा वक्तव्यों के साथ आपने सहमति व्यक्त की है, तो आपस में बेहतर सामंजस्य स्थापित करने के लिए आपको अपने जीवनसाथी से और अधिक खुलने की जरूरत है। मन की

बात खुलकर अभिव्यक्त न करने से, आपस में पर्दा रखने से मन की संवेदनाओं के तार नहीं जुड़ पाते और चाहतें/सपने पूरे नहीं हो पाते।

सवाल संख्या 21 में यदि आप दोनों ने एक-दूसरे की तीन में से दो प्रमुख चिंताएँ सही-सही भरी हैं, तो आप बधाई के पात्र हैं। इससे यह संकेत मिलता है कि आपके बीच भावात्मक सामंजस्य बहुत अच्छा है, पर यदि यह संभव नहीं हो पाया है, तो इसका क्या कारण है? सोचिएगा। और यदि आपने कथन 2 और 10 पर अपनी सहमति व्यक्त की है तो अपने से यह जरूर पूछें कि क्या सबकुछ बताना भी इतना जरूरी है ? सच के नाम पर कई बार लोग ऐसी अनावश्यक बातें कह जाते हैं जो दूसरे को दुख देती हैं। यह कहाँ तक ठीक है, विचार कीजिए।

आपके बीच साहचर्य ...

वक्तव्य 1, 6, 12, 16, 23, और 24 आपके बीच साहचर्य की भावना कितनी दृढ़ है, इससे संबंधित हैं। यदि आपने कथन 1 या 6 के साथ सहमति दिखाई है, या आप 12 में दिए गए रिक्त स्थानों को भरने में असमर्थ रहे हैं, तो इससे लगता है कि आप दोनों एक-दूसरे से बहुत अकेले पड़ गए हैं। इस स्थिति को सँवारने का एक ही रास्ता है कि आप दोनों एक-दूसरे के लिए और अधिक समय निकालें और एक-दूसरे को बेहतर जानने की चेष्टा करें।

किंतु यदि आपने 16, 23 या 24 में से किसी कथन के साथ सहमति अभिव्यक्त की है, तो यह भी ज्यादती है। इस मामले में एक-दूसरे पर इतनी अधिक निर्भरता भी ठीक नहीं। सही संतुलन से ही परस्पर प्यार बीजता है।

एक-दूसरे के प्रति निष्ठा ...

आप एक-दूसरे के प्रति और विवाह के प्रति कितने निष्ठावान हैं ? यदि आप कथन 3 या 13 से इत्तफाक रखते हैं, पर कथन

29 से नहीं, तो आपको इस बारे में और अधिक गंभीरता से सोचने की जरूरत है— क्या आप सचमुच अपने वैवाहिक संबंध को महत्वपूर्ण मानते हैं? बीते निर्णयों और भविष्य को लेकर मन में कुछ सवाल उठना स्वाभाविक है, पर यदि ऐसी शंकाएँ मन में बराबर उठती रहें, तो कहीं कोई अभाव जरूर है।

आपके प्रणय संबंध ...

हर विवाह में ऐसे संक्षिप्त दौर आते हैं जब प्रणय संबंधों में कुछ कमी महसूस होती है। पर यदि यौन-असंतोष का यह दौर ज्यादा लंबा खिंच जाएँ, तो वैवाहिक जीवन प्रायः अस्तव्यस्त हो जाता है। एक-दूसरे से अपनी चाहतों की सहज अभिव्यक्ति और दूसरे को स्वीकारना तथा व्यवहारकुशलता ही प्रेम को प्रगाढ़ बनाते हैं।

यदि आपने कथन 25 का ईमानदारी से जवाब दिया है, तो उससे असहमति हीं व्यक्त कीं होगी। इस किस्म की फन्तासी प्रायः हर किसी के मनोमस्तिष्क में कभी-न--कभी कौंधती है। इससे चिंतित नहीं होना चाहिए। पर कथन 26 का मसला गंभीर है। वैवाहिक जीवन में एक-दूसरे के प्रति निष्ठा बरतना जरूरी है, पर किसी से यदि भूल हो ही जाए तो क्षमाशीलता संबंध को बचा सकती है।

आपके बीच परस्पर सम्मान ...

वैवाहिक जीवन की सफलता बहुत कुछ परस्पर सम्मान से जुड़ी है। यदि आपने 4, 11, 14 या 22 में से किसी एक या ज्यादा वक्तव्यों पर सही का निशान लगाया है, तो अपने आपसे पूछिए—क्या आप सचमुच अपने जीवनसाथी की कद्र करते हैं ? क्या उसकी क्षमताओं के बारे में यही राय है आपकी ?

वक्तव्य 27 भी आपके इसी नजरिए की परीक्षा है। यदि आप इससे सहमत हैं तो इसका अर्थ यह है कि आपने अपने

जीवनसाथी को उसी तंग दायरे में कैद कर दिया है जिसमें आप उसे देखना चाहते हैं। यदि आप मिलकर काम न करें तो वैवाहिक जीवन सुखद होने की कल्पना करना भी अयथार्थवादी है।

आत्मसम्मान ...

वक्तव्य 5, 9, 18, 19, 23 और 24 आपकी अपने बारे में क्या भावनाएँ हैं. इसके परिचायक हैं। यदि आपने इनमें से चार या अधिक वक्तव्यों पर सहमति जाहिर की है, तो इसका अभिप्राय यह है कि आप अपना सही मूल्यांकन नहीं कर रहे हैं। वैवाहिक जीवन में यह भी आवश्यक है कि पति-पत्नी दोनों अपना आत्मसम्मान कायम रखें। इससे ही आपका व्यक्तित्व खिल पाता है, जो पूरे परिवार के लिए जरूरी है।

मिथक ...

यदि आपने कथन 2, 7, 10, 23, 24, 25 और 30 में से पाँच या ज्यादा पर सहमति दर्शाई है, तो संभवतया आपकी वैवाहिक जीवन से अपेक्षाएँ कुछ जरूरत से ज्यादा ही हैं।

उनका सच हो पाना मुमकिन नहीं। ये वे मिथक हैं जिन्हें लोग सुखी वैवाहिक जीवन का पर्याय मानते हैं। पर यदि ये सच हो जाएँ तो वैवाहिक जीवन एकरस और उबाऊ हो जाएगा, जिसमें आप दोनों को खिलने का अवसर ही नहीं मिल पाएगा।

तो अब आप जान गए न वैवाहिक जीवन की सफलता दर! और यह भी कि कहाँ सुधार की संभावना है ! इस टेस्ट का आशय भी यही था।

●●●